FACULTE DE DROIT DE PARIS

DE LA FIDÉJUSSION

EN DROIT ROMAIN

DES EFFETS DU CAUTIONNEMENT

EN DROIT FRANÇAIS

PAR

THÉODORE MORIN

PARIS

F. PICHON, LIBRAIRE-EDITEUR

14, RUE CUJAS ET 7, RUE VICTOR-COUSIN

—

1875

THÈSE

POUR LE DOCTORAT

DE LA FIDÉJUSSION

EN DROIT ROMAIN

DES EFFETS DU CAUTIONNEMENT

EN DROIT FRANÇAIS

THÈSE POUR LE DOCTORAT

PAR

Théodore MORIN

L'acte public sur les matières ci-après sera soutenu le
mardi 27 juillet 1875, à midi

PRÉSIDENT : M. BUFNOIR.

SUFFRAGANTS :
MM. BEUDANT,
GIDE, } PROFESSEURS
CASSIN,
RENAULT, } AGRÉGÉS.

PARIS

F. PICHON, IMPRIMEUR-LIBRAIRE,

14, RUE CUJAS ET 7, RUE VICTOR-COUSIN

1875

INTRODUCTION HISTORIQUE

On appelle à Rome *intercessio* le fait d'une personne qui vient s'obliger elle-même ou obliger sa chose dans l'intérêt d'autrui. On peut *intercedere* de plusieurs manières différentes.

1° En se portant *expromissor*. L'*expromissio* est l'acte de celui qui s'oblige *verbis* au lieu et place de l'obligé primitif, lequel par là se trouve libéré. C'est une novation par changement de débiteur.

2° En se portant *mandator pecuniæ credendæ*, c'est-à-dire en donnant mandat à une personne de prêter de l'argent à une autre, cas auquel on est responsable envers la première du remboursement à faire par la seconde.

3° En prenant jour, dans la forme du constitut, pour payer la dette d'autrui.

4° En engageant ou en hypothèquant sa chose pour sûreté de la dette.

5° En se portant *adpromissor*. L'*adpromissio* est l'acte de celui qui s'oblige *verbis* accessoirement à un autre obligé, dont il garantit la dette.

La question de savoir si dans un cas donné il y a, ou non, *intercessio*, présente un double intérêt :

1° Bien que capables de s'obliger en principe, les femmes ne peuvent, aux termes du sénatus-consulte Velleien, *intercedere* pour autrui. On craint qu'elles ne se laissent aller à contracter à la légère un engagement dont elles peuvent ne pas apercevoir toute la portée au moment où elles le prennent. 2° Les esclaves peuvent engager leurs maîtres *ex contractu* ou *quasi ex contractu*, jusqu'à concurrence de la valeur de leurs pécules ; mais à condition cependant que leurs obligations ne rentrent pas dans la catégorie des *intercessiones*.

Occupons-nous spécialement de l'*adpromissio*, contrat *verbis*, comme nous l'avons dit. Il n'y a d'abord à Rome qu'une seule sorte d'*adpromissor*, le *sponsor*, que le stipulant interroge en ces termes : *Idem dari spondes?* Cette manière d'*intercedere* n'est accessible qu'aux seuls citoyens romains (Gaius, C. III, § 93). Plus tard il devient nécessaire d'étendre aux pérégrins l'usage du cautionnement. On imagine alors la *fidepromissio*, qui résulte d'une réponse affirmative faite à la question : *Idem fidepromittis?* La *fidepromissio* est un premier progrès sur le droit rigoureux et exclusif de la *sponsio*, mais cette nouvelle forme du cautionnement est encore bien imparfaite et présente de nombreux inconvénients. Aussi imagine-t-on une troisième espèce d'*adpromissio*, qui prend le nom de *fidejussio* et ne tarde pas à être la seule employée.

C'est la *fidejussio* seule que nous nous proposons d'étudier. Nous allons cependant, avant d'en entreprendre l'examen, signaler les principales différences qui la séparent des deux autres sortes d'*adpromissio*. Nous verrons par là même quels sont les inconvénients que présentent ces dernières.

1° La *sponsio* et la *fidepromissio* ne peuvent accéder qu'à des obligations contractées *verbis*. Il est vrai qu'on peut toujours transformer en obligation *verbis*, un engagement quelconque. Mais cela occasionne des lenteurs et des complications. — La fidéjussion peut garantir toutes sortes d'obligations. (l. 8, § 2, *h. t.* Gaius C. III, § 119).

2° En vertu d'une loi *Furia* (659 de R.) les *sponsores* et les *fidepromissores* sont libérés *ipso jure* au bout de deux ans à compter du jour de l'engagement, du terme ou de la condition, suivant que l'obligation est pure et simple, à terme, ou conditionnelle.— Les fidéjusseurs demeurent tenus aussi longtemps que le débiteur principal, sauf convention contraire (Gaius C. III, § 121).

3° La même loi décide que le créancier qui a reçu pour une même dette plusieurs *sponsores* ou *fidepromissores* ne peut demander à chacun d'eux que sa part virile, qu'ils soient ou non tous solvables; et s'il demande à l'un la totalité de la dette, il encourt la peine de la *plus-petitio*. — Cette loi n'est pas applicable aux fidéjusseurs (Gaius, *loc. cit.*).

4° Une loi *Apuleia* (652 de R.) établit une société entre les différents *sponsores* ou *fidepromissores* qui ont cautionné une même dette; il en résulte que celui d'entre eux qui a payé au créancier plus que sa part a un recours contre les autres. Sous l'empire de cette loi les différents *sponsores* ou *fidepromissores* sont tenus *in solidum*, vis-à-vis du créancier. La loi *Furia* vient, il est vrai, décider le contraire peu d'années après, mais elle n'est applicable qu'en Italie, tandis que la loi *Apuleia* s'étend à tout l'empire (Gaius, C. III, § 122). — Pas plus que la loi *Furia*, celle-ci n'est applicable aux fidéjusseurs.

5° L'obligation résultant de la *sponsio* ou de la *fidepromissio* n'est pas transmissible aux héritiers des *sponsores* ou *fidepromissores*. Gaius fait cependant une réserve relative au *fidepromissor* pérégrin : « nisi alio jure civitas ejus utatur. » (Gaius, C. III, § 120). — Il en est autrement en ce qui concerne les fidéjusseurs.

6° Enfin les *sponsores* et *fidepromissores* peuvent se trouver obligés, « quamvis interdum ipse qui » promiserit non fuerit obligatus. (Gaius, C. III, » § 119). » — Nous verrons que pour servir de base à une fidéjussion il faut au moins une obligation naturelle.

Une seule différence sépare les *fidepromissores* des *sponsores*. Ces derniers ont reçu une faveur spéciale de la loi *Publilia*, dont la date nous est inconnue. Ils peuvent intenter contre le débiteur qui nie son engagement une action *depensi* donnée au double *propter inficiationem* ; de plus, ils ont le droit d'intenter la *manus injectio* contre le débiteur qui ne les rembourse pas dans les six mois qui suivent le paiement effectué par eux. (Gaius, C. IV, § 9 et 22.)

Il nous faut maintenant dire quelques mots des différents bénéfices accordés aux fidéjusseurs. Nous en étudierons plus tard les règles. Voyons maintenant comment ils se sont introduits dans la législation romaine.

Bénéfice de division. — L'empereur Adrien autorise, par un rescrit, le fidéjusseur poursuivi par le créancier à exiger que celui-ci divise son action entre les cofidéjusseurs solvables au moment de la *litiscontestatio* (Gaius, C. III, § 121). Il ne faut pas confondre ce bénéfice, connu sous le nom de bénéfice d'Adrien ou bénéfice de division, avec celui de la loi *Furia*. Ce dernier est sous deux rapports plus onéreux pour le créancier. Il a lieu *ipso jure*, et s'opère entre tous les cofidéjusseurs vivants au momoment de l'exigibilité de la dette. Le bénéfice d'Adrien doit être invoqué, et n'a lieu qu'entre les cofidéjusseurs solvables au moment de la *litiscontestatio* (l. 26, *h. t.*)

· *Bénéfice de cession d'actions.* — Ce n'est point par une constitution ni par un rescrit que s'introduit à Rome le bénéfice de cession d'actions. L'usage le fait admettre peu à peu, avec l'aide des prudents. Les Romains ne connaissent pas la subrogation légale ; et l'action personnelle, par laquelle le fidéjusseur peut recourir contre le débiteur qu'il a libéré, est souvent d'une médiocre utilité. Les jurisconsultes imaginent, pour remédier à cet inconvénient, d'obliger le créancier à céder au fidéjusseur qui le paie et qui exige cette cession, sa créance avec tous les droits, actions, et hypothéques qui s'y trouvent attachées.

Bénéfice d'ordre et de discussion. — C'est par la novelle IV que Justinien introduit le bénéfice de discussion. Jusqu'alors le fidéjusseur peut être poursuivi avant le débiteur principal, sans pouvoir se refuser à payer au moins sa part dans la dette, alors même que le débiteur principal est en état de payer lui-même. Justinien fait cesser cette injustice en décidant que désormais le fidéjusseur pourra renvoyer le créancier à discuter d'abord le débiteur principal.

Nous ne nous arrêterons pas sur la destinée du cautionnement pendant la durée du moyen-âge. Disons seulement qu'il est d'un fréquent usage, sous le nom de *pleigerie.* Presque tous les engagements sont garantis par des *pleiges* ou *cauxions,* qui se constituent telles en donnant la main à la personne qu'elles veulent cautionner, et s'engagent à soutenir la validité de ces engagements en champ clos contre quiconque acceptera le défi. Beaumanoir nous apprend d'ailleurs que quelque étendue que soit la *pleigerie,* elle ne va jamais jusqu'à faire perdre son corps au *pleige,* lors même qu'il aurait répondu corps pour corps. Les peines corporelles méritées par le débiteur cautionné ne s'étendent pas non plus jusqu'au *pleige.*

Quant au sénatusconsulte Velleien, il est suivi dans l'ancien droit français; mais au XVIᵉ siècle, la femme est autorisée à renoncer au bénéfice qui lui est accordé. Cette renonciation, d'abord faite avec solennité, se transforme bientôt en une vaine formule insérée dans tous les actes. Henri IV, par un édit de 1606, abolit formellement le sénatusconsulte. Son édit est enregistré partout, excepté en Normandie. Il ne peut en être question depuis le Code.

Quant aux bénéfices, nous verrons en étudiant les effets du cautionnement, en droit français, ce qu'ils sont devenus dans notre ancienne jurisprudence. Nous préférons attendre ce moment pour en parler, afin de pouvoir comparer notre ancien droit à la législation actuelle.

Nous allons étudier en droit romain la fidéjussion tout entière, mais en laissant de côté toutes les autres sortes d'*intercessio*. En droit français, nous nous bornerons à l'examen des effets du cautionnement.

DROIT ROMAIN

DES FIDÉJUSSEURS

Nous étudierons dans trois parties différentes la formation, les effets, et l'extinction de la fidéjussion.

PREMIÈRE PARTIE

FORMATION DE LA FIDÉJUSSION

Nous diviserons cette première partie en quatre chapitres :

1° Formes de la fidéjussion. A quel moment peut intervenir le fidéjusseur ?

2° Qui peut être fidéjusseur et envers qui ?

3° Quelles obligations peuvent ou ne peuvent pas être cautionnées ?

4° Objet et étendue de l'engagement contracté par le fidéjusseur.

CHAPITRE PREMIER

§ 1. *Formes de la fidéjussion.*

Nous avons déjà, dans notre introduction historique, parlé des formes de la fidéjussion. Gaius nous
les indique dans son § 112 (C. III) : celui qui veut
se porter fidéjusseur doit répondre affirmativement
à l'une de ces questions : *Idem fide tuâ promittis,
idem fidejubes?* En s'engageant ainsi, le promettant renonce tacitement aux avantages accordés
par des lois spéciales aux autres *adpromissores.*
Après avoir rappelé, en les résumant, les formes de
la *sponsio,* de la *fidepromissio,* et de la *fidejussio,*
Gaius se demande (C. III § 116) comment on doit
appeler ceux qui s'obligent en répondant affirmativement aux interrogations suivantes : « Idem dabis,
» idem promittis, idem facies? » Non-seulement
Gaius ne résout pas la question, mais il la pose en
outre d'une manière assez vague pour qu'il soit difficile d'en déterminer exactement le sens.

On peut admettre que la question posée par
Gaius est celle-ci : que résulte-t-il de ces interrogations, suivies d'une réponse affirmative, une *adpromissio* ou une *novatio?* Celui qui vient de s'engager ainsi doit-il être considéré comme une caution

ou comme un débiteur nouveau ? Cette manière de comprendre la question a le mérite de justifier l'ab-sence d'une réponse, dont la place naturelle est au cours de l'étude de la novation. Mais ce mérite est plus apparent que réel, et la difficulté se trouve seulement reculée, Gaius n'en donnant pas davantage la solution lorsqu'il traite de la novation (C. III § 116 à 179). Nous croyons que Gaius a tout simplement voulu se demander quelle sorte d'*ad-promissio* résulterait des formules qu'il indique. C'est l'hypothèse qui nous semble se présenter tout naturellement à l'esprit, et nous l'acceptons volontiers, tout en nous étonnant que la question reste sans réponse. Notons d'ailleurs qu'elle a perdu tout intérêt sous Justinien, quel que soit le sens qu'on lui attribue. Supposons-nous qu'il s'agit de déterminer le résultat obtenu par l'emploi de telle ou telle formule ? Elles ont toutes le même sens, Admettons-nous, au contraire, que Gaius hésite entre une novation et une fidéjussion ? La novation ne se présume plus et doit être formellement exprimée. (L. 8, Code, *De fidej.*).

Il est un autre point sur lequel la plus grande latitude est laissée aux parties qui se proposent de s'engager dans les liens de la fidéjussion. Le fidéjusseur peut être interrogé en grec et répondre de même (Inst. § 7 *De fidej.*). Pourvu que la réponse se rapporte à la question, peu importe que l'on ait employé dans la demande et dans la réponse des langues différentes. La seule règle à observer, c'est que les deux parties puissent se comprendre, soit par elles-mêmes, soit par l'intermédiaire d'un interprète (l. 1 § 6 *De Verb. oblig.*).

Bien que considérablement simplifiées par la liberté des langues et des expressions, ces formes du contrat *verbis* peuvent encore être gênantes lorsqu'il s'agira de prouver qu'elles ont été accomplies. Aussi en vient-on à admettre qu'elles seront réputées avoir eu lieu lorsqu'il résultera d'un acte écrit qu'une telle personne s'est portée fidéjusseur. (Inst. § 8 *De fidej.*, § 17 *De inutil. stip.* l. 30 *De verb. oblig.*). Il va sans dire que cet écrit n'intervient que *ad probationem*, la fidéjussion devant, pour être valable, avoir été contractée dans la forme du contrat *verbis*. Nous devons cependant signaler un cas particulier, mentionné dans la loi 4, § 3 *De fidej. et nom.* « Fidejussores a tutoribus nomi-
» nati, si præsentes fuerunt, et non contradixerunt,
» et nomina sua referri in acta publica passi sunt,
» œquum est, perinde t[...] atque si jure legitimo
» stipulatio interposita fuisset. »

En dehors de ce cas isolé, l'écrit n'est qu'une simple preuve ; mais il a une force probante considérable, puisque celui qui en contesterait la véracité devrait nécessairement prouver son alibi pendant toute la durée du jour où l'écrit invoqué contre lui a été rédigé (Inst. § 12, *De inutil. stip.*).

§ 2. *A quel moment peut intervenir le fidéjusseur.*

Le fidéjusseur peut s'engager en même temps que le débiteur principal. Il peut aussi s'engager soit avant, soit après lui. Il est probable que Justinien, en nous signalant cette latitude laissée au fidéjusseur (Inst. § 3 *De fidej.*), a voulu établir une double antithèse avec celui qui fait un pacte de constitut, d'une part *(fidejussor præcedere obligationem)* ; et le *mandator pecuniæ credendæ*, de l'autre *(et sequi potest).* Aussi nous refusons-nous à voir dans cette simple phrase des Institutes l'énoncé d'une différence capitale entre les *sponsores* et les *fidepromissores* d'une part, et les fidéjusseurs de l'autre.

Ce qui, selon nous, enlève toute vraisemblance à cette manière d'interpréter la pensée de Justinien, c'est le § 123 du C. III de Gaius. Ce jurisconsulte nous dit en effet que d'après une loi, dont le nom manque dans son manuscrit (mais qui est probablement la loi *Cornelia,* citée quelques lignes plus bas), le créancier qui est sur le point de recevoir des *sponsores* ou des *fidepromissores* est tenu de déclarer d'avance combien il en va recevoir, et quel est l'objet de la dette pour laquelle il les reçoit.

Le *sponsor* ou le *fidepromissor* qui prétend que cette formalité n'a pas été accomplie, peut, dans les trente jours qui suivent l'engagement pris par lui, demander au prêteur la délivrance d'un *præjudicium*. Muni de cette action, il se présentera devant le juge qui annulera l'engagement s'il reconnaît après enquête que la *prædictio* exigée par la loi n'a pas eu lieu. Il nous paraît impossible, en présence de ce texte, de soutenir que les *sponsores* et les *fidepromissores* ne peuvent s'engager avant le débiteur principal, et nous nous refusons à ajouter cette nouvelle différence à celles que nous avons signalées dans notre introduction entre les diverses classes d'*adpromissores*.

Nous n'avons rien à dire, pour le moment du moins, relativement au cas où le fidéjusseur s'engage après le débiteur principal ou en même temps que lui. Mais il nous faut placer ici une remarque importante concernant l'hypothèse d'une fidéjussion préalable. Cette fidéjussion peut être donnée pour une dette conditionnelle (l. 35 *De judiciis*). La situation du fidéjusseur est alors en suspens, comme celle du débiteur principal : ils ne seront tenus l'un et l'autre qu'une fois la condition accomplie (L. 57 *h. t.*) La garantie du fidéjusseur peut aussi s'appliquer à une dette future (L. 6, § 2, *h. t.*) La fidéjussion prendra naissance en ce cas en même temps que la dette future. Mais une différence capitale sépare les deux cas que nous venons de citer. Tandis que, par suite de l'effet rétroactif de la condition la fidéjussion appliquée à une dette conditionnelle sera censée avoir pris naissance au jour même du contrat, celle qui vient garantir une dette future ne sera jamais considérée comme ayant existé antérieurement à l'échéance que les parties ont fixé au moment de leur engagement. De là d'importantes conséquences : un fils de famille se fait garantir par un fidéjusseur la somme qu'il prêtera à Titius ; puis, une fois émancipé, il réalise sa promesse et prête la somme. L'obligation du fidéjusseur et celle du débiteur principal n'étant nées qu'après l'émancipation, le père de famille ne peut prétendre à la créance (l. 132 § 1 *De verb. oblig.*). S'il se fut agi, au contraire, d'une dette conditionnelle, l'arrivée de la condition, intervenue même après l'affranchissement, aurait fait acquérir au père émancipateur le double bénéfice de la dette principale et de la fidéjussion.

Restons dans l'hypothèse d'une dette future. Le prêt effectué par le fils émancipé a pour effet d'engager le débitour principal, cela n'est pas douteux. Mais que décider relativement à l'engagement du fidéjusseur? Il n'est pas tenu envers le père. Le sera-t-il du moins envers le fils? D'après la loi 47 § 1 *h. t.*, il faudrait répondre affirmativement : « si filius in causa peculiari ita fidejussorem acce-
» perit ; quantam pecuniam credidero, idem fide
» tuâ esse jubes ? Et emancipatus credat, patri qui-
» dem, si non est reus obligatus, non tenebitur;
» filio vero, humanitatis intuitu, obnoxius esse
» debet. » Faut-il prendre la décision de cette loi pour l'expression d'un principe ? Nous ne le pensons

pas, étant donnés les mots qui se trouvent à la fin de la loi : *humanitatis intuitu.* D'autres textes d'ailleurs, et ceux-là d'accord avec les principes, nous donnent une solution contraire. C'est ainsi que la loi 28 *De pign. et hyt.*, supposant qu'un legs conditionnel a été laissé à un fils de famille, que le père s'est fait donner un gage, et que la condition ne s'est plus tard réalisée qu'après la cessation de la puissance paternelle, décide que ni le père ni le fils ne pourront *pignus vindicare.* La loi conclut en assimilant à cette espèce le cas d'une fidéjussion. Or l'analogie entre cette hypothèse et celle que nous étudions est complète, (M. Bufnoir. De la condition, p. 298.) En effet, le fidéjusseur d'une dette future n'est autre chose qu'un fidéjusseur conditionnel.

La différence que nous venons de signaler entre la fidéjussion qui vient garantir une dette conditionnelle et celle qui est jointe à une obligation future, conduit à d'importants résultats dans le cas d'une acceptilation faite par le créancier au fidéjusseur (l. 13, § 9 *De accept.*) Un créancier se fait garantir par un fidéjusseur une somme qu'il prêtera plus tard à Titius. Avant d'effectuer le prêt il fait acceptilation au fidéjusseur. L'effet de cette acceptilation est nul pour le moment, puisque le fidéjusseur n'est pas obligé. Mais lorsque plus tard la réalisation du prêt fera naître l'obligation du débiteur principal, celui-ci sera tenu malgré l'acceptilation, car il n'a pu être libéré avant d'être obligé; le fidéjusseur, au contraire, en profitera, en ce sens que grâce à elle il sera censé n'avoir jamais été engagé.

Supposons maintenant une dette conditionnelle et une acceptilation faite au fidéjussseur avant l'arrivée de la condition. Celle-ci venant à se réaliser produit un effet rétroactif et les deux obligations, celle du débiteur principal et celle du fidéjusseur sont considérées comme ayant pris naissance au moment du contrat. Aussi les considère-t-on nécessairement comme éteintes par l'acceptilation.

———

CHAPITRE II

§ 1. *Qui peut être fidéjusseur ?*

En général peuvent être fidéjusseurs tous ceux qui sont capables de s'engager au moyen d'une stipulation. Cette règle souffre cependant quelques exceptions auxquelles nous avons fait allusion lorsque nous avons signalé l'intérêt qu'il y a à distinguer l'*intercessio* des autres manières de s'obliger. Laissant de côté une exception sans importance, relative aux militaires, qui ne peuvent garantir la promesse personnelle que fait une personne de se présenter en justice, nous nous occuperons seulement de ce qui concerne les femmes et les esclaves.

Commençons par ces derniers. L'esclave peut en général obliger son maître par sa promesse, *in infinitum*, lorsqu'il agit d'après un ordre reçu; jusqu'à concurrence de son pécule, dans tous les autres cas. Si nous appliquions à la fidéjussion cette règle générale, nous déciderions que l'esclave peut toujours garantir valablement la dette d'autrui, au moins jusqu'à concurrence de la valeur de son pécule. Mais Paul nous apprend qu'il n'en est pas ainsi : on ne donne action *de peculio* contre le maître, à raison de la fidéjussion de son esclave, que celui-ci s'est engagé « in rem domini, aut ob rem

» peculiarem (1. 47, § 1 *De peculio*). Un autre texte, emprunté au titre *De fidejussoribus*, la loi 19, nous montre bien les distinctions qu'il convient d'établir en matière de fidéjussion. Il s'agit d'un esclave qui s'est porté fidéjusseur et qui a payé. La loi distingue les hypothèses suivantes. Première hypothèse : La fidéjussion intéresse le pécule. Elle est valable. Mais le paiement que fera l'esclave le sera-t-il aussi? Une sous-distinction est nécessaire. Les deniers remis au créanciers ont-ils été prélevés sur le pécule? Le paiement est valable. Il ne l'est pas, au contraire, si l'argent provient des biens du maître. Dans ce cas il y aura lieu à revendication, tant que les écus ne seront pas consommés ; à *condictio*, s'ils le sont. Seconde hypothèse : La fidéjussion n'intéresse pas le pécule. Elle est nulle. Mais de quelle manière le maître va-t-il rentrer en possession de la somme indûment payée par son esclave? Ce sera par une revendication, si l'argent n'a pas été prélevé sur le pécule, et si d'ailleurs les deniers n'ont pas été consommés par le créancier. Ce sera par la *condictio* si les deniers ont été consommés ou si l'esclave a payé avec l'argent de son pécule. Notons en passant que la loi 66, *h. t.*, justifie cette idée qu'en principe le paiement de l'esclave *ex causâ non peculiari* ne vaut pas, puisqu'il faut que le maître ratifie en exerçant un recours contre le débiteur :

« Si servus alienus pro Titio fidejussit, et solvit ;
» liberatur Titius, si dominus mandati contra eum
» agere instituit. Nam qui mandati agit, ratam

» habere solutionem videtur. » Si c'est le maître qui a par erreur payé la dette qu'avait cautionné son esclave, il pourra intenter contre le créancier la *condictio indebiti*; mais il ne pourra rien réclamer au débiteur principal, que le paiement n'a nullement libéré (l. 20, *h. t.*)

Quant aux femmes, leur incapacité en matière d'*intercessio* résulte du sénatusconsulte Velleien, sanctionné sous le règne de Claude. Il ne fait d'ailleurs que généraliser les prohibitions précédemment édictées, qui interdisaient aux femmes d'*intercedere* en faveur de leurs maris (l. 2, pr. *Ad. S. C. Vel.*). Dorénavant les femmes ne pourront plus s'engager ni engager leurs biens pour autrui (l. 2, § 1. *Ad. S. C. Vel.*) Le sénatusconsulte ne les empêche d'ailleurs nullement de procurer sa libération au débiteur en payant sa dette, ou en faisant accepter à son créancier une *datio in solutum*. La femme peut se montrer généreuse à son gré et faire de sa fortune tel usage que bon lui semblera ; mais on veut qu'elle ne le fasse qu'à bon escient, et ne s'engage pas à la légère, comptant sur la solvabilité parfois imaginaire du débiteur principal.

La femme peut, par exception, *intercedere* dans un certain nombre de cas. Quelques-unes de ces exceptions sont fondées sur la cause de l'*intercessio*. Tels sont les cas où la femme s'est engagée *pro dote*, *pro libertate*, pour une cause pieuse (par exemple pour faire donner la sépulture à un mort). D'autres ont pour cause la position du créancier : telle est l'*in-*

tercessio pour un mineur de vingt-cinq ans; d'autres encore, le fait même de la femme. Celle-ci a, par exemple, trompé le créancier en lui faisant croire qu'elle s'obligeait dans son propre intérêt. La femme qui a intercédé et qui est prête à défendre au procès pour détourner l'action qui menace le débiteur, peut se priver volontairement de l'exception du Velleien, en donnant caution qu'elle n'y aura pas recours. A partir de Justinien, la femme doit renoncer au bénéfice du S. C. pour obtenir la tutelle de ses descendants. Depuis le même Empereur, celle-là s'engage valablement qui réitère, au bout de deux ans, une *intercessio* consentie après sa vingt-cinquième année (loi. 22, Code *Ad.*, *S. C.*, *Vel.*).

Lorsqu'il y a lieu d'appliquer le Velleien, c'est-à-dire lorsqu'on ne se trouve pas dans l'un des cas exceptionnels que nous venons de signaler, la nullité de l'*intercessio* de la femme s'oppose par voie d'exception. La femme peut même s'en prévaloir après avoir été condamnée à payer. Si même elle a payé, elle aura encore la ressource d'intenter, soit une *condictio indebiti*, dans le cas où elle aura transféré la propriété (l. 40, pr., *De Cond. indeb.*); soit une revendication, si elle s'est contentée de donner ses biens en gage.

A la différence de l'esclave, le fils de famille, en se portant fidéjusseur, oblige toujours son père *de peculio* (l. 3, § 9, *De peculio*.) Il est vrai que la loi 3 *h. t.* semble sur ce point assimiler le fils de famille à l'esclave : « Si dederit servum aut filium familias,

» ex quibus causis actio non datur; » mais il ne faut voir dans ce texte qu'un vice de construction grammaticale ou une erreur de copiste. En le lisant ainsi : « Si dederit servum, ex quibus causis actio non » datur, aut filium familias, » on se trouve dans l'ordre d'idées indiqué par la loi citée plus haut (3, § 9, *De peculio.*)

Nous venons de voir les exceptions au principe que nous avons énoncé dès le début : quiconque a la capacité de s'obliger par stipulation peut aussi s'engager comme fidéjusseur. Ajoutons que le débiteur principal ne peut garantir lui-même sa propre dette au moyen d'une fidéjussion. Cette remarque pourrait paraître superflue. Il faut, pour en comprendre la nécessité, examiner la loi 21 § 2 *h. t.* : Je prête de l'argent à votre esclave, vous l'affranchissez. Je le prends ensuite pour fidéjusseur. Son engagement est-il valable ? Africain distingue : Il s'agit de savoir quelle est l'obligation qu'a voulu garantir l'esclave ; car, en dehors de l'obligation naturelle qui lui est propre, il en est une autre, action prétorienne, celle-là, à laquelle le prêt a donné naissance et qui peut être intentée contre son maître. Ce dernier est tenu, pendant l'année qui suit l'affranchissement, jusqu'à concurrence de la valeur du pécule. Est-ce cette dernière obligation qu'a entendu garantir l'affranchi ? Son engagement est valable. La fidéjussion est nulle au contraire, *potius est ut nihil agatur*, si elle s'applique dans l'intention du fidéjusseur à sa propre obligation.

§ 2. *Envers qui peut-on s'engager comme fidéjusseur?*

Celui-là seul peut recevoir un fidéjusseur qui a déjà reçu l'engagement du débiteur principal. La loi 16, pr. *h. t.* nous donne une application de ce principe. Il est bon de rappeler, avant d'examiner l'hypothèse prévue par ce texte, que l'esclave qui appartient à la fois à plusieurs maîtres peut stipuler, sans désigner celui d'entre eux à qui il veut faire acquérir le bénéfice de la stipulation. Ce bénéfice appartient alors à tous les maîtres, et chacun d'eux y prend part proportionnellement à sa part de propriété dans l'esclave. Si la stipulation avait été faite en y joignant la désignation spéciale de l'un des maîtres, celui-ci serait seul à profiter du contrat. Ces principes établis, voici quelle est l'espèce prévue par la loi 16 : Un esclave, commun à Titius et à Sempronius, a stipulé nominativement pour Titius. Puis il interroge un fidéjusseur en ces termes : Promettez-vous de donner à Titius ou à Sempronius? Faudra-t-il dans ce cas, se demande le jurisconsulte, appliquer cette idée générale (que nous venons de rappeler), d'après laquelle la stipulation d'un esclave commun profite à tous ses maîtres, lorsqu'il ne désigne pas spécialement l'un d'entre eux? Non, répond-il, Ti-

tius seul, qui a déjà le bénéfice de l'obligation principale, profitera de la fidéjussion.

Il s'agit de déterminer la situation de Sempronius. Nous savons que si celui qui interroge stipule :
mihi aut Titio, ce dernier est considéré, non comme
créancier, mais comme *adjectus solutionis gratiâ*.
Telle sera la position de Sempronius, qui sera censé
avoir reçu des autres contractants mandat de recevoir le paiement. D'après les principes qui régissent
la matière, il pourra recevoir le paiement à l'insu de
Titius et même malgré lui, le fidéjusseur n'ayant
peut-être consenti à s'engager que sous la condition de pouvoir se libérer par un paiement fait à
Sempronius. En terminant, Julien fait observer
que cette faculté n'existera que jusqu'à la *litis contestatio*. Celle-ci détruit en effet le lien formé par
l'obligation (l. 12 §·3 *De solut.*, l. 57, § 1, *eod tit.*).
Quant à l'*adjectus solutionis gratiâ*, il ne pourrait
recevoir un fidéjusseur, n'étant pas créancier (l. 33
De pign. et hyp. l. 7 § 1 *De const. pec.*).

A ce principe si net, tiré de la loi 16, on a parfois
tenté d'opposer les décisions données par les lois 9
§ 1, 10, 11, 12 et 13 *De stip. serv.*, qui annulent la
stipulation faite par un esclave commun *Titio aut
Mævio*, par la raison que « incertum est utri eo-
» rum adquisierit actionem (l. 10). Mais il est facile de voir la différence profonde qui sépare l'espèce de la loi 16 de celles qui sont rapportées au
titre *De stip. serv.*, et en particulier de l'hypothèse
citée dans la loi 10 que nous avons plus particuliè-

rement signalée. L'incertitude qui, dans cette dernière hypothèse est la cause de l'annulation, n'existe
pas dans la loi 16, où nous voyons l'esclave commun stipuler d'abord pour l'un de ses maîtres, puis
recevoir un fidéjusseur qui s'engage d'abord envers
le maître déjà créancier, et plus tard envers les
deux maîtres. Il est évident qu'en faisant intervenir
dans une nouvelle stipulation celui qu'il n'avait pas
nommé dans la première, il ne peut avoir eu d'autre
but que de lui faire jouer le rôle d'un *adjectus solutionis gratiâ*. On ne peut pas dire ici comme dans
a loi 13, *De stip. serv.* : « Hic το ισαζον id est œqui-
» valens, corrumpit stipulationem et solutionem. »

Le fidéjusseur peut à son tour faire garantir son
obligation par un sous-fidéjusseur. Tout se passe
entre eux comme si le premier était un débiteur
principal. De là plusieurs conséquences que nous
retrouverons plus tard et que nous ne faisons qu'indiquer maintenant. Le fidéjusseur principal et le
certificateur ne pourront invoquer l'un contre l'autre le bénéfice de division (l. 27 § 4, *h. t.*). Le paiement effectué par le certificateur donnera lieu à
un recours intégral contre le fidéjusseur principal. L'extinction de la fidéjussion principale entraînera par voie de conséquence celle de la sous-fidéjussion (l. 34, § 5, *De solut.*).

CHAPITRE III

§ 1. *Quelles obligations peuvent être cautionnées ?*

Toute obligation peut être garantie par une fidéjussion, quelle que soit la forme du contrat qui lui a donné naissance. Il n'est même pas nécessaire qu'elle provienne d'un contrat. Elle peut résulter d'un quasi-contrat, d'un délit ou d'un quasi-délit, et Gaius, en parlant *de eo quod plerumque fit*, n'a pas eu l'intention d'exclure les cas qu'il ne mentionne pas. (C. III § 119; l. 1 et 8 § 6 *h. t.*; Inst. § 1 *De fidej.*)

L'obligation garantie peut être civile, prétorienne ou naturelle. Laissons pour le moment cette dernière sorte d'obligation : nous y reviendrons bientôt. Peu importe d'ailleurs que l'obligation principale ait pour but de donner, de faire, ou de ne pas faire.

La fidéjussion est valable alors même que le débiteur principal est seul capable d'accomplir l'obligation garantie. Prenons pour exemple l'espèce prévue dans la loi 31 *De solut.* Il s'agit d'une obligation de faire : un constructeur a pris l'engagement de faire un navire et a donné un fidéjusseur. Si l'intention des parties a été que le navire soit construit par le débiteur principal, la construction effectuée par le fidéjusseur ne libérerait pas celui qu'il a cautionné. Il n'en est pas moins vrai que l'engagement de ce dernier est valable et qu'il n'y a pas lieu d'appliquer ici la règle : *impossibilium nulla obligatio* (l. 185 *De reg. juris.*) C'est que pour pouvoir vicier une obligation, l'impossibilité doit être absolue, et dans notre espèce elle est seulement relative à la personne du promettant.

Il en serait de même pour une obligation de ne pas faire. Soit un obligé principal qui s'est engagé à ne pas empêcher, par son propre fait, le stipulant d'accomplir un acte déterminé, et qui a donné un fidéjusseur (L. 31 *De solut.*) Si le débiteur manque à sa promesse, le fidéjusseur en sera responsable ; mais ce dernier peut parfaitement, sans courir le risque d'être poursuivi par l'action *ex stipulatu*, apporter des obstacles à l'acte que le stipulant désire accomplir. Les mêmes règles s'appliquent à l'obligation de donner.

Au principe que la fidéjussion peut garantir toute espèce d'obligation, les empereurs Gratien, Valentinien et Théodose introduisent en 381 une importante exception (L. 1 Code *De fidej.)* et Justinien confirme par une nouvelle constitution, datée de 530, celle de ces prédesseurs (L. 2 Code *eod. tit.*) Cette exception a trait à la restitution de la dot, pour laquelle la femme ne pourra exiger un fidéjusseur.

Le motif de cette dérogation aux principes nous

est donné par Justinien : Puisque, dit-il, la femme confie sa dot au mari, elle doit avoir confiance en lui pour la restitution.

Celui-ci, par contre, peut se faire garantir par des fidéjusseurs la dot qui lui a été promise. La loi 55 *De jure dotium* est très nette sur ce point : « Quum » dotis causâ aliquid expromittitur, fidejussor eo » nomine datus tenetur. » Mais si tout le monde est d'accord sur la signification du texte, on l'est moins sur le motif qui l'a fait insérer au Digeste ; car il n'est en somme qu'une application pure et simple du droit commun en matière de fidéjussion. Pothier considère cette loi comme ayant pour but d'établir une antithèse avec la prohibition adressée à la femme par les constitutions que nous avons vues plus haut. Mais la simple lecture de ces dernières suffit pour démontrer que la prohibition en question n'existant pas au temps de Paul, ce jurisconsulte n'a pu y songer en émettant sa décision.

Il est probable cependant qu'il a voulu éclaircir un doute ; et la seule manière, à notre avis, de lever la difficulté est de supposer que le texte, interpolé par les commissaires de Justinien, était ainsi conçu dans sa pureté primitive : *quum dotis causa aliquid dicitur, fidepromissor eo nomine datus tenetur.* Paul aurait ainsi voulu prévenir un doute qui aurait pu s'élever au sujet de la valeur d'une *fidepromissio* accompagnant une *dictio dotis.* Ce contrat se formant sans le concours d'une demande et d'une réponse,

on aurait pu hésiter à admettre la validité du cautionnement fourni dans la forme primitive de la
fidepromissio. Paul interprète dans un sens aussi
large que possible la nécessité pour le *fidepromissor*
de ne garantir une obligation principale que lorsqu'elle a été contractée *verbis*.

Nous avons dit plus haut qu'une obligation naturelle peut servir de base à une *fidejussio* (Loi 16,
§ 3, *h. t.*). Nous allons passer en revue les principales, en commençant par celle de l'esclave.

Celui-ci ne peut en principe figurer comme promettant dans une stipulation. Cependant, s'il a rem-
pli les formalités qui suffiraient à obliger civilement
une personne *sui juris*, il est tenu naturellement, et
son obligation peut être cautionnée par un fidéjusseur (Inst. § 1, *De fidej.*). Lorsque c'est le maître
qui traite avec son esclave, il se forme aussi une
obligation naturelle, susceptible d'être garantie par
un fidéjusseur, et rien n'empêche que ce soit l'esclave lui-même qui procède à l'interrogation, bien
qu'il soit déjà débiteur principal (Loi 70, § 3, *h. t.*).
Cette dernière qualité s'efface complètement pour
ne laisser place qu'à la *persona domini*, dont l'esclave est le représentant alors qu'il stipule.

Renversons l'hypothèse et supposons que c'est le
maître qui est le débiteur principal. La fidejussion
est alors impossible « *quia non potest eidem et pro
eodem esse obligatus.* » On ne saurait admettre que
le maître acquière le bénéfice d'une fidéjussion dans
laquelle il jouerait à la fois le rôle du promettant et

celui du créancier. Ce que nous venons de dire de l'esclave s'appliquerait également au fils de famille.

Une autre obligation naturelle importante est celle du fils de famille qui emprunte contrairement au sénatus-consulte Macédonien, rendu sous Claude, d'après Tacite ; sous Vespasien, d'après Suétone. Ce sénatus-consulte prohibe exclusivement le prêt d'argent, *mutuas pecunias.* Si le magistrat n'est pas suffisamment édifié sur la violation du *S. C.* pour refuser l'action qu'on lui demande, il délivre la formule ; mais il a soin d'y insérer une exception qui permette au juge de décider en connaissance de cause. Celui qui a prêté contrairement aux dispositions du *S. C.* n'en reste pas moins créancier naturel (Loi 11, *Ad. S. C. Mac.*). Nous avons à étudier ici, au point de vue de la fidéjussion, la valeur de cette obligation naturelle. Peut-elle être cautionnée ? La loi 9, § 3, *Ad. S. C. Mac.* répond affirmativement à cette question.

Il ne faut pas croire que l'action accordée au créancier aboutira toujours à un résultat satisfaisant pour lui. Il obtiendra, il est vrai, satisfaction, lorsque le fidéjusseur sera intervenu *animo donandi,* mais dans le cas contraire, il verra son action paralysée par l'exception tirée du *S. C.* (Loi 7, § 1, *De excep.*). Cela n'a rien qui doive nous surprendre. Si le fidéjusseur était obligé de payer, il recourrait aussitôt contre le fils de famille par l'action *mandati,* et la prohibition du *S. C.* se trouverait ainsi éludée par un facile détour. Mais la raison même de la protection accordée au fidéjusseur nous conduit nécessairement à la lui refuser dans le cas où il est intervenu spontanément. Il ne peut en effet intenter dans l'espèce l'action *mandati;* et quant à l'action *negotiorum gestorum,* elle restera inutile entre ses mains ; car on ne peut pas dire qu'il y a eu gestion utile à l'égard du fils de famille. Par conséquent, puisqu'il ne peut exercer contre le débiteur naturel aucun recours efficace, il devient inutile de le protéger en lui accordant une exception. (M. Machelard, Oblig. nat., p. 126, note 1).

Il peut se faire que le fidéjusseur paie la somme qu'il a cautionnée, au lieu d'invoquer l'exception du S. C. Nous savons qu'il ne pourra intenter une *condictio indebiti.* Mais on a prétendu qu'il pourrait exercer contre le fils de famille l'action *mandati contraria.* Cette singulière décision repose sur le raisonnement que voici : le S. C. n'interdisant d'autres contrats que les prêts d'argent, le fils de famille a pu valablement donner mandat au fidéjusseur de s'engager pour lui. Ulpien semble même accorder l'appui de son autorité à ce système en se fondant sur la crainte du *regressus mandati* pour accorder l'exception au fidéjusseur (L. 9, § 3, *De S. C. Mac.*). Il est aisé de montrer le peu de fondement de cette opinion. D'abord en ce qui concerne Ulpien, il est le premier à n'admettre en principe le *mandatum* comme *licitum,* en cas de prêt d'argent fait à un fils de famille, qu'autant que le prêt est effectué dans des circonstances où il ne tombe pas sous l'application du *S. C.* Il y a plus : les Instituts même (§ 7 *De mandato*), posent en principe qu'un mandat n'est pas valable quand il a pour but une contravention aux lois. Nous ne donnerons donc au fidéjusseur qui a payé, aucun recours contre le fils de famille, à moins toutefois qu'il n'ait cautionné de bonne foi, et que son erreur n'ait persisté jusqu'au moment du paiement. Si de bonne foi dans le principe, il a reconnu ensuite son erreur, et que malgré cela il ait payé sans opposer l'exception du *S. C.*, il y a lieu de lui appliquer la loi 29 pr, *Mandati*, suivant laqnelle il ne peut prétendre à l'action de mandat quand il a omis, en connaissance de cause, d'opposer une exception qui lui aurait permis d'échapper à la condamnation.

Il nous reste à voir une question qui depuis l'époque des glossateurs divise les interprètes. Lorsqu'un pupille contracte sans l'autorisation de son tuteur, il est tenu civilement *quatenus locupletior factus est* (l. 5 pr. *De auct, et cons. tut.*), Mais s'il ne s'est pas enrichi, et que d'ailleurs il soit en âge de donner un véritable consentement, y a-t-il obligation naturelle ? Les jurisconsultes les plus illustres tiennent pour l'affirmative, et parmi eux Scœvola, Papinien, Ulpien et Paul. Malheureusement il se trouve au Digeste, deux textes qui semblent formuler une doctrine contraire. Neratius s'exprime ainsi : « Quod pupillus sine tutoris auctoritate pro-» miserit stipulanti, solverit, repetitio est; quie » nec natura debet (l. 41 *De cond. indeb.*). Licinius

Rufinus n'est pas moins affirmatif : « Pupillus
» mutuam pecuniam accipiendo ne jure quidem
» naturali obligatur » (l. 59 *De obl. et act.*) Nous
n'entrerons pas dans l'examen des différentes con-
ciliations qui ont été proposées pour mettre d'accord les doctrines si manifestement opposées des
jurisconsultes Romains. Nous croyons que c'est en
vain qu'elles ont été tentées, et que nous devons
admettre en cette matière une divergence d'opinion
chez les auteurs de l'époque.

§ 2. *Quelles sont les obligations qui ne peuvent pas être cautionnées.*

Il suffit, avons-nous dit, d'une obligation naturelle pour servir de base à une fidéjussion. Mais il
faut s'arrêter là, et décider qu'une fidéjussion serait
nulle si elle accédait à une obligation nulle dès le
début, par exemple à une stipulation principale
faite sous condition impossible (l. 29 *h. t.*). Faut-il
placer sur la même ligne l'obligation contractée par
un interdit ou un *furiosus*, et décider qu'étant
nulle elle ne peut être garantie par un fidéjusseur?
La question est délicate et mérite une sérieuse atten-
tion. Nous nous trouvons pour la résoudre en présence de trois textes qu'il paraît bien difficile dé
concilier entre eux. Tandis que la loi 6 *De verb.*
oblig. déclare cette fidéjussion sans valeur, une

autre loi, la loi 25 *h. t.* prévoyant le cas où quelqu'un aurait cautionné, soit un pupille engagé sans l'autorisation du tuteur, soit un prodigue, soit un *furiosus*, dit qu'on ne viendra pas au secours du fidéjusseur, attendu qu'il n'a point d'action de mandat à exercer. Il est évident que cette loi suppose la validité de la fidéjussion, puisqu'elle déclare que le fidéjusseur restera tenu. Notons que ces deux lois, en apparence contradictoires, sont toutes les deux du même jurisconsulte, d'Ulpien.

A ces deux textes vient s'ajouter une troisième loi, la loi 70 § 4 *h. t.* qui commence par déclarer nulle la fidéjussion d'un *furiosus* « quia non so- » lum stipulatio nulla intercessisset, sed ne nego- » tium quidem ullum gestum intelligitur » et, chose curieuse, ajoute immédiatement après : « Quod si » pro furioso jure obligato fidejussorem accepero, » tenetur fidejussor. » Cette loi est de Gaius.

Pothier *(Pandect. Just. sub. h. l.)*, reproduisant d'ailleurs l'opinion de Cujas, a cru pouvoir sous-entendre dans la loi 25 cette circonstance particulière : le prodigue ou le *furiosus* serait valablement obligé, par suite d'un quasi-contrat, par exemple. Voici donc le sens qu'aurait, d'après cette explication, la loi 25, dans la dernière partie de laquelle on substitue *quamvis* à *quoniam* : « il vaut mieux décider qu'on ne viendra pas au secours du fidéjusseur, quoique, s'il est forcé de payer, il ne puisse recourir contre le débiteur principal qui n'a pas pu donner un mandat valable. » Nous ne croyons pas que ce système soit admissible. Il nous paraît d'abord bien difficile d'admettre que Marcellus, et Ulpien, qui ne fait que reproduire son avis, aient ainsi sous-entendu dans la loi 25 cette circonstance essentielle que le pupille, le prodigue interdit et le *furiosus* sont valablement obligés. Mais admettons pour un moment qu'il en soit ainsi. La loi perd alors toute raison d'être, puisqu'à défaut de l'action *mandati* qu'on lui refuse le fidéjusseur aura toujours l'action *negotiorum gestorum* » (l. 3 § *De neg. gest.*)

Un autre système consiste à regarder comme interpolée la loi 25. Plus d'une fois dans le Digeste les commissaires de Justinien ont remplacé par le mot *fidejussor* les mots *sponsor* ou *fidepromissor* et il n'y aurait rien d'impossible à ce que le texte d'Ulpien ait été modifié de cette manière. D'après les partisans de cette interprétation Ulpien aurait voulu faire ressortir la différence qui existe entre les fidéjusseurs d'une part, et les *sponsores* et les *fidepromissores* de l'autre. Gaius nous dit, en effet, que dans certains cas où l'obligation n'est pas valable, « quamvis interdum non fuerit obligatus ipse » qui promiserit » (III § 119), la *sponsio* et la *fidepromissio* n'en conservent pas moins leur efficacité. En remplaçant un mot par un autre, les commissaires de Justinien auraient non-seulement supprimé l'antithèse que voulait établir Ulpien (d'après Marcellus), mais aussi rendu contraire aux principes les plus élémentaires de la fidéjussion le texte qu'ils voulaient corriger.

S'il nous fallait opter entre ce système et le précédent, nous préférerions celui-ci, qui n'a rien que de parfaitement admissible. Mais nous estimons qu'il ne faut admettre qu'avec une extrême réserve l'hypothèse d'une interpolation pour expliquer les textes qui semblent au premier abord difficiles à mettre d'accord avec les principes. Aussi préférons-nous aux explications qui précèdent celle qui, déjà soutenue par Noodt, Vinnius et Glück, a trouvé de nos jours dans un éminent professeur l'appui d'une incontestable autorité. (M. Machelard, Oblig. nat. p. 274 et 275.)

Nous croyons donc que l'explication la plus naturelle est celle-ci : Marcellus et Ulpien supposent dans la loi 25 que le fidéjusseur a sciemment cautionné le prodigue ou le *furiosus* connaissant l'état d'interdiction ou la situation d'esprit du *reus*. Quant aux textes qui annulent la fidéjussion, ils se rapportent au cas où le fidéjusseur aurait cautionné par ignorance. Cette distinction est facile à admettre pour le prodigue. Quant au *furiosus*, nous croyons qu'on peut adopter également cette manière d'interpréter les textes qui le concernent.

Il en serait autrement sans doute s'ils s'agissait d'un *mente captus*; mais le *furiosus* ayant des intervalles lucides, il est possible que l'obligation garantie ait été contractée pendant l'un de ces moments exceptionnels, et cette possibilité suffit pour servir de base à une fidéjussion.

Poursuivons notre étude des obligations qui ne

peuvent pas être cautionnées. Il peut se faire qu'une obligation prenne naissance à la suite d'un engagement qui n'a par lui-même aucune valeur, et cela grâce à un événement survenu plus tard. Prenons un exemple : une personne donne à une autre, à titre de prêt, des écus qui ne lui appartiennent pas, et reçoit un fidéjusseur. Au début il n'y a rien de fait, car le *mutuum* n'a pas pu se former. Le soi-disant prêteur, n'étant pas propriétaire des écus, n'a pas pu en transférer la propriété, et par suite la fidéjussion est nulle. Toutefois si l'*accipiens* dispose de la somme qu'il a reçue, la consommation des écus aura pour résultat de donner au *tradens* une *condictio* contre lui (l. 13 et 19 §1 *De rebus creditis*,) et la validité de l'obligation principale entraînera celle de la fidéjussion. Il est vrai que le fidéjusseur n'est pas intervenu à l'occasion de cette consommation des écus, survenue seulement après coup et nécessaire pour faire naître la *condictio*, mais il est tenu cependant, car : *in omnen causam acceptus videtur quæ ex ea numeratione nasci potest* (l. 56 § 2 *h. t.*) Paul a omis de faire observer que dans l'espèce le *mutuum* n'a été accompagné d'aucune stipulation, car dans le cas contraire le contrat *verbis* absorberait le contrat *re*, et malgré la nullité de ce dernier l'autre ne s'en formerait pas moins (l. 6 § 1 et 7 *De novat.*)

Que déciderons-nous au sujet des engagements relatifs au délits ?

Devrons-nous les annuler tous et décider par suite qu'ils ne peuvent être cautionnés ? Il faut distinguer. Deux personnes s'associent pour commettre un vol. L'une d'elles se fait garantir par un fidéjusseur que lui fournit l'autre, soit la restitution d'une partie des choses volées, soit la peine qu'elle encourra si le délit vient à être découvert. Dans l'un et l'autre cas il faudra appliquer la règle *maleficiorum fidejussor esse non potest*, car une société semblable, ne pouvant valablement exister, ne peut par conséquent entraîner une obligation accessoire valable (l. 53 et 57 *Pro socio.*) Mais il est un engagement d'une autre sorte, très valable par lui-même, bien que relatif à un délit, et qui peut par suite servir de base à une fidéjussion. Nous voulons parler de l'engagement pris par un voleur de payer une somme à celui qu'il a dépouillé. On conçoit aisément qu'il soit permis de faire garantir par un fidéjusseur une obligation dont il importe que l'exécution soit énergiquement assurée (l. 70 § 5 *h. t.*)

Nous assimilerons à l'obligation nulle dès le début celle qui, valable dans le principe, est ensuite éteinte soit par l'une des modes que nous étudierons plus tard et qui détruisent l'obligation tout entière, soit par un de ceux qui ont plutôt pour effet de libérer le débiteur de l'obligation que de détruire celle-ci. Dans cette dernière catégorie rentre la *deportatio*, au sujet de laquelle nous trouvons deux textes en apparence contradictoires, mais qui ne peuvent donner lieu à aucune controverse sérieuse. A la différence de la *minima capitis deminutio*, dont le préteur paralyse l'effet extinctif en remplaçant les actions éteintes par des actions utiles, la *maxima* et la *media* éteignent complétement les obligations contractées par le *capite minutus*. Il en résulte que si un débiteur est condamné à la déportation, sa dette n'existant plus ne peut pas être cautionnée (1. 47 pr. *h. t.*)

Cette loi semble, il est vrai, contredite par la loi 19 *De duobus reis*, qui suppose deux débiteurs solidaires et décide que si l'un d'eux est libéré de son obligation par suite d'une *capitis deminutio*, l'autre ne cesse pas pour cela d'être tenu, car la personne seule est affranchie, l'obligation continue de subsister, et l'autre débiteur reste obigé. Rien d'embarassent jusqu'ici, mais le texte se termine ainsi : « et » ideo si aqua et igni interdictum est alicujus, fide-» jussor postea ab eo datus tenetur, » ce qui, traduit littéralement, voudrait dire que le débiteur, quoique condamné, peut être valablement cautionné. Mais le commencement même de la loi nous oblige à ne pas accepter cette traduction littérale et à décider que c'est le fidéjusseur donné ultérieurement par l'autre débiteur qui reste tenu.

Pomponius établit en effet une distinction entre le cas où l'obligation est éteinte et celui où une personne seulement est dégagée. Il est inadmissible qu'il en tire immédiatement une conclusion dépourvue de sens, telle que semble au premier abord nous l'indiquer une traduction littérale.

CHAPITRE IV

§ 1. *Objet de la fidéjussion.*

L'objet de la fidéjussion doit être semblable à celui de l'obligation principale. Nous verrons qu'il ne faut pas prendre absolument à la lettre le mot *idem*, généralement employé dans la demande du stipulant au fidéjusseur. L'interrogation adressée aux *correi promittendi* est aussi conçue dans des termes qui supposent nécessairement une identité d'objet ; mais, sans parler du fonds, une différence capitale sépare, dans la forme, les deux sortes de stipulations. Tandis que chaque fidéjusseur est interrogé et répond séparément, les *correi* sont tous interrogés avant qu'aucun d'eux ne prenne la parole pour s'engager. Cette observation faite, voyons quelques exemples de fidéjussion nulle, parce que l'objet n'est pas le même que dans l'obligation principale.

J'ai stipulé Stichus ou Pamphile, au choix du promettant. Je ne puis recevoir un fidéjusseur qui me promettra l'un de ces mêmes esclaves, mais en se réservant le choix ; car il serait au pouvoir du fidéjusseur de choisir un esclave autre que celui qu'aurait désigné le débiteur principal (l. 38, pr.

h. t.). Il est aisé de comprendre pourquoi les Romains n'admettent pas la validité d'un pareil engagement, qui aurait pour résultat de mettre, en quelque sorte, le débiteur sous la dépendance du fidéjusseur. La loi 42, *h. t.*, prévoit une autre espèce. Je reçois un fidéjusseur en l'interrogeant ainsi : Attendu que j'ai prêté dix, me promettez-vous mille mesures de froment en remplacement de cet argent. Javolenus décide que la fidéjussion est nulle, et donne une double raison à l'appui de sa décision. Le fidéjusseur, dit-il, avec raison, s'est obligé *in aliam rem*. Il ajoute : « Quia non ut æs-
» timatio rerum, quæ mercis numero habentur, in
» pecuniâ numeratâ fieri potest, ita pecunia quo-
» que merce æstimanda est », ce qui, dans sa pensée, veut dire que l'argent sert de commune mesure à toutes les marchandises, tandis qu'aucune marchandise n'a cette propriété. Si l'on prenait au pied de la lettre cette seconde raison, en négligeant la première, on en viendrait à valider, comme le fait, à tort, croyons-nous, Pothier (*Traité des Obligations*, l. 42, nº 318.), une fidéjussion de dix écus d'or, garantissant une dette de mille mesures de blé. Nous ne pouvons admettre cette opinion, qui nous paraît en contradiction manifeste avec la première des raisons données par Javolenus : « Quia
» in aliam rem, quam credita est, fidejussor non po-
» test obligari.»

L'identité que nous exigeons dans la fidéjussion peut n'être que partielle, et le débiteur principal, après avoir promis dix, peut parfaitement fournir un fidéjusseur qui ne sera obligé que pour cinq (l. 9. *h. t.*, Or, il n'est pas toujours facile de savoir si le fidéjusseur a promis *minus* ou *aliud*, et si par conséquent on doit considérer la fidéjussion comme valable ou comme nulle. Par exemple la loi 70 § 2, *h. t.* nous donne l'espèce suivante : Un débiteur doit un fonds ; il fournit un fidéjusseur qui promet l'usufruit. Gaius déclare la fidéjussion valable, parce que le fidéjusseur a promis *minus*. Le texte même nous fait remarquer que la réponse à cette question : le fidéjusseur est-il tenu ? dépend de celle qu'il convient de faire à cette autre question : l'usufruit est-il *pars dominii* ? Nous trouvons au Digeste de nombreux textes qui donnent sur ce point des décisions opposées. Le désaccord entre les jurisconsultes provient de la différence des points de vue auxquels ils se placent pour envisager l'usufruit. Pour les uns l'usufruit n'est pas *pars dominii*, parce qu'il ne peut être assimilé ni à une part divise, ni à une part indivise de la propriété. Pour les autres l'usufruit doit être considéré comme *pars dominii* parce qu'il est composé d'attributs qui font partie du droit de propriété. De ce dernier avis est Gaius qui en tire la conclusion que nous avons mentionnée plus haut.

Nous venons de voir que le fidéjusseur doit s'obliger à la même chose que le débiteur principal. Il peut promettre *minus*, parce qu'en le faisant il promet une partie de ce qui fait l'objet de l'obligation

principale; mais il ne peut pas promettre *magis*.
Il en résulte que la fidéjussion ne peut être contractée *in duriorem causam*. (Gaius III, § 126; Inst. III,
§ 5, *De fidej*.). Cela ne veut pas dire que le fidéjusseur ne sera jamais tenu plus rigoureusement que
le débiteur principal. Pour ne citer qu'un exemple,
le fidéjusseur d'une obligation naturelle est soumis
à une action civile de la part du créancier, alors
que le débiteur cautionné ne l'est pas. Il faut donc
entendre la règle des Institutes en ce sens que l'o-
bligation contractée par le fidéjusseur ne doit pas
contenir davantage que celle du débiteur principal.
Nous allons voir dans quels cas on peut dire que
la fidéjussion est *durior* et doit par suite être considérée comme nulle. Cela arrive d'abord lorsque la demande adressée au fidéjusseur est plus considérable
que celle à laquelle répond le débiteur principal. Mais
gardons-nous de confondre cette hypothèse avec la
suivante : un fidéjusseur, interrogé en ces termes :
promettez-vous dix? répond : je promets vingt.
Sans doute une pareille stipulation est inutile, mais
cette inutilité n'est pas la conséquence d'une règle
particulière à la fidéjussion. Elle résulte du principe
général contenu dans les Institutes § 5 *De inutil.
stip.*, applicable à toutes les stipulations dans lesquelles il n'y a pas *responsio congruens*.

Supposons une obligation *durior*, dans le sens
que nous avons indiqué. Que deviendra-t-elle ?
Gaius et Justinien ne nous l'apprennent ni l'un ni
l'autre. Mais Ulpien répond à cette question : C'est

une règle commune à toutes les personnes obligées pour nous que si elles interviennent « in duriorem » causam, placuit eos omnino non obligari. » On peut intervenir dans des conditions plus douces ; ainsi un fidéjusseur peut être reçu pour une somme inférieure. De même le débiteur principal étant obligé purement et simplement, le fidéjusseur peut ne s'obliger qu'à terme ou sous condition. Mais si c'est l'inverse qui a lieu, la fidéjussion est nulle. (Loi 8, § 7, *h. t.*) Ainsi qu'on le voit, Ulpien semble indiquer la règle à suivre d'une façon catégorique : *placuit eos omnino non obligari.* Sans doute on peut regretter que le jurisconsulte ait admis les déductions rigoureuses d'une aussi sévère logique, mais sa décision est trop conforme à l'esprit général du droit romain pour qu'elle nous doive surprendre. Il ne faut pas perdre de vue que l'*intentio* de la formule devait reproduire exactement les termes de la stipulation. Dès lors comment un magistrat aurait-il pu dire au juge : « Puisque un tel a promis vingt, condamne-le à dix. » Il y a cependant de nombreux partisans de l'opinion qui consiste à dire que la fidéjussion contractée *in duriorem causam* doit tout simplement être réduite à la valeur de l'obligation principale.

Dumoulin et plusieurs autres anciens auteurs, partisans de cette doctrine, intervertissent l'ordre des mots, et au lieu de « omnino non obligari » lisent « non omnino obligari. » Cette correction change complètement le sens du texte. Pour excuser ce

procédé qui pourrait paraître arbitraire, ils se fondent sur le texte des *Basiliques* qui reproduit la loi
d'Ulpien.

Selon ces auteurs, le texte grec est conçu en des
termes qui ont une signification absolument opposée à celui d'Ulpien tel que nous le trouvons au Digeste. Celui qui s'est obligé *in duriorem causam*
οὐδ' ὅλως ἐνέχεται, portent les *Basiliques*. Mais nous
nous refusons à traduire ces mots par *non omnino
tenetur*. Les auteurs byzantins, les seuls qui se
soient servis de l'expression οὐδ' ὅλως l'ont toujours
entendu dans le sens de *nullo modo*. Aussi voyons-
nous que le texte des *Basiliques* n'est nullement de
nature à nous inspirer de la méfiance à l'égard de
celui d'Ulpien.

L'argument tiré des *Basiliques* n'est pas le seul
qu'on invoque contre la doctrine que nous défendons. Nos adversaires cherchent dans les règles du
constitut un argument d'analogie, et invoquent les
lois 11, § 1 et 12 *Mandati*, qui prévoient trois hypothèses. Le constituant a promis une somme plus
forte que le débiteur principal, — ou des intérêts
que celui-ci n'a pas promis, — ou bien encore il s'est
engagé à donner un esclave en outre de la somme
qui fait l'objet de l'obligation principale. Dans ces
trois cas, Ulpien, au lieu d'annuler le constitut, se
contente de retrancher ce qu'il contient de plus que
l'obligation du débiteur principal. D'autre part le
même Ulpien dans la loi 8, § 7 *h. t.*, s'exprime
ainsi : « Illud commune est universis qui pro aliis

» obligantur. » Par conséquent, nous dit-on, si Ulpien dans cette loi 8 a l'intention que vous lui attribuez d'annuler la fidéjussion contractée *in duriorem causam*, il faut en dire autant du constitut, puisqu'il déclare applicable à tous ceux·qui s'obligent pour autrui la règle qu'il va énoncer. Et que faites-vous alors des lois 11, § 1 et 12 *Mandati*, qui décident absolument le contraire?

Cet argument est plus sérieux que le précédent. Nous pensons toutefois qu'il est loin d'être décisif. Il est certain qu'il y a quelque chose de défectueux dans la suite de la loi 8, mais nous croyons qu'il est beaucoup plus raisonnable d'admettre qu'Ulpien s'est servi d'expressions trop absolues en disant : « Illud commune est universis qui pro aliis obligan- » tur », que de renverser l'ordre des mots et de changer complètement le sens de la loi. Est-il nécessaire d'ajouter qu'il est peu naturel de chercher les règles de la fidéjussion dans celles qu'Ulpien nous donne au sujet du constitut, ces deux sortes d'*expromissiones* différant sur plusieurs points fort importants. La fidéjussion, en effet, est un contrat de droit strict ; le constitut n'est même pas un contrat, ce n'est qu'un pacte, et il est tout naturel qu'il soit soumis à des règles moins rigoureuses. Le pacte de constitut n'implique pas identité d'objet : je puis, devant une chose, en promettre une semblable à la place de la première (Loi 1, § 5 *De Pec. const.*). Nous savons qu'il en est autrement en matière de fidéjussion. Nous verrons plus tard que si le débiteur principal est poursuivi, le fidéjusseur est libéré par la *litis contestatio*. Cette règle ne s'applique pas en matière de constitut. (Loi 18, § 3 *De Pec. const.*). Enfin tandis que la fidéjussion s'éteint par voie de conséquence en même temps que l'obligation principale, celui qui s'est engagé par un pacte de constitut peut être poursuivi, même après l'époque où devait s'éteindre l'action garantissant une dette primitive temporaire.

Il nous reste à combattre un dernier argument que nos adversaires tirent d'une interprétation vicieuse, à notre avis, de la loi 33 *Mandati* qui est ainsi conçue : « Rogatus, ut fidejuberet, si in mi-
» norem summam se obligavit, recte tenetur : si
» in majorem, Julianus verius putat, quod a pleris-
» que responsum est, eum, qui majorem summam,
» quam rogatus erat, fidejussisset, hactenus man-
» dati actionem habere, quatenus rogatus esset :
» quia id fecisset, quod ei mandatum est ; nam
» usque ad eam summam, in quam rogatus erat,
» fidem ejus spectasse videtur, qui rogavit. » Ainsi donc, si, débiteur de 20, je donne mandat à une personne de se porter fidéjusseur, et qu'elle s'oblige à 30, il est certain qu'elle a promis *magis*. Julien suppose qu'elle a payé (20 ou 30, peu importe.) La question qui se pose est celle-ci : le fidéjusseur a-t-il un recours contre le débiteur principal ? Julien répond : il peut intenter l'action de mandat, non pour le tout (s'il a payé 30), mais pour la quantité jusqu'à concurrence de laquelle il a été prié de s'o-

bliger ; car en faisant le paiement il ne fait qu'exécuter le mandat qui lui a été donné.

L'espèce étant bien posée, voici quel est le raisonnement de nos adversaires : Puisque le fidéjusseur est admis à recourir contre le débiteur principal, c'est que cette somme a pu lui être demandée par le créancier. Donc il la devait. S'il la devait, c'est que son obligation de fidéjusseur était valable jusqu'à concurrence de la valeur de l'obligation principale. Ainsi présentée la loi 33 fait échec à notre principe. Mais il nous paraît évident que, dans ce texte, le jurisconsulte ne s'occupe nullement de la situation du fidéjusseur envers le créancier pendant la période qui s'écoule entre l'engagement et le paiement. Il suppose un paiement fait, et se demande si le fidéjusseur qui l'a effectué peut exercer un recours. La question de savoir si le créancier pouvait poursuivre le fidéjusseur n'est pas abordée dans le texte, qui s'occupe uniquement de lever un doute qui pourrait s'élever sur les droits du fidéjusseur. On aurait pu lui refuser l'action *mandati*, en se fondant sur ce qu'il n'a pas exécuté le mandat qui lui a été donné. Julien ne s'arrête pas à cette objection. Celui qui charge une personne de se porter fidéjusseur lui donne en quelque sorte un double mandat : mandat de s'engager, mandat de payer. Dans l'espèce de la loi 33, le premier mandat n'a pas été exécuté ; mais le second l'a été, et cela suffit pour assurer le recours du fidéjusseur « quia » id fecisset quod ei mandatum est. »

Nous croyons avoir répondu d'une manière satisfaisante aux divers arguments de nos adversaires.
Nous nous retrouvons donc en présence du texte
d'Ulpien, que nous adoptons sans chercher à le modifier : *placuit eos omnino non obligari.* Nous considérons donc comme nulle la fidéjussion contractée
in duriorem causam. Ce point capital établi, nous
allons étudier maintenant les différentes manières
dont une fidéjussion peut-être *durior : quantitate,
conditione, tempore, loco, modo.*

Quantitate. — L'obligation du fidéjusseur est plus
forte s'il promet 10, tandis que le débiteur principal s'engage pour 5 seulement. Ce point ne présente aucune difficulté.

Conditione. — Je stipule d'un débiteur sous une
condition. Je puis ensuite recevoir un fidéjusseur
sous une double condition : celle qui est attachée
à la dette principale, et une nouvelle, particulière
à l'engagement accessoire. Dans ce cas la fidéjussion est valable, car elle n'est pas *durior.* Le fidéjusseur ne sera tenu en effet que si les deux conditions se réalisent. Mais supposons qu'au lieu de subordonner l'obligation du fidéjusseur à l'évènement de deux conditions, je stipule de lui de telle
sorte qu'il soit engagé aussitôt que l'une ou l'autre
sera réalisée, tandis que l'arrivée de l'une des conditions, déterminée à l'avance, sera nécessaire pour
faire naître l'obligation du débiteur principal. Dans
ce cas, le fidéjusseur courant plus de chances d'être
tenu que le débiteur principal, il semble bien y

avoir *causa durior*, ce qui nous obligerait, d'après
les principes que nous avons exposés plus haut, à
déclarer la fidéjussion nulle. Mais on se rend facilement compte en examinant l'espèce de plus près
qu'il est impossible de prendre dès le début une
décision définitive. Gaius qui semble, au début de
la loi 70 pr. *h. t*, annuler l'obligation *ab initio*, admet ensuite, *quod magis est*, que la question doit
demeurer en suspens. De deux choses l'une : ou la
condition à laquelle la fidéjussion est seule subordonnée arrivera la première, et alors la stipulation
est exactement la même que si, dès le début, le
débiteur principal se fut obligé *sub conditione* et le
débiteur *pure* ; dans ce cas il y a nullité. Ou la condition commune aux deux obligations arrive la première; et alors débiteur et fidéjusseur sont dans la
même situation que si dès le début tous deux s'é-
taient obligés *pure ;* dans ce cas la fidéjussion est
valable. Tout dépend donc des circonstances.

Il en serait de même dans l'espèce suivante : le
débiteur et le fidéjusseur sont tenus chacun sous
une condition différente (l. 70 § 1, *h. t.*). Il faut,
pour juger de la validité de la fidéjussion, attendre
que l'une des conditions se soit réalisée. Si c'est
celle qui est imposée au débiteur principal qui se
réalise la première, la fidéjussion est valable, et le
fidéjusseur sera tenu lorsque la seconde condition
arrivera. Si au contraire c'est la condition imposée
au fidéjusseur qui arrive avant l'autre, la fidéjussion est nulle, comme si, dès le début, elle eût été

pure et simple, à côté d'une dette principale conditionnelle.

Tempore. — Il y a *causa durior tempore* lorsqu'à
côté d'une dette principale à terme, vient se placer
une fidéjussion pure et simple, ou contractée pour
une époque plus rapprochée. On peut imaginer
une espèce qui se rapproche de celle que nous venons de voir en étudiant la fidéjussion *durior conditione* : Un fidéjusseur garantit, sous condition,
une dette dont le débiteur principal est tenu à
terme. Ici encore il faut attendre quelque temps
avant de pouvoir apprécier la validité de la fidéjussion. Elle sera nulle si la condition arrive avant le
terme ; valable si la condition arrive après, ou en
même temps (l. 16, pr. *h. t.*).

Loco. — La *causa durior loco* peut provenir de
deux sources différentes : elles ne présentent aucune difficulté ; il suffit de les indiquer. Celui qui
promet de donner dans un endroit déterminé est
obligé plus durement que celui qui promet purement et simplement, car il ne peut se libérer en
payant dans un autre endroit, à moins que le créancier ne veuille bien l'y autoriser. Si donc j'interroge un débiteur principal *sine adjectione loci*, et
le fidéjusseur *cum adjectione loci*, celui-ci ne sera
pas tenu. La fidéjussion est *durior*, donc elle est
nulle, *ab initio.* (l. 16 § 1., *h. t.*). Il en sera de même
si le débiteur principal promet de payer à Capoue,
et le fidéjusseur à Éphèse, tous les deux, d'ailleurs,
se trouvant à Rome au moment où ils contractent

leur engagement. Cela vient de ce fait qu'il est plus facile de payer à Capoue qu'à Éphèse (l. 16, §2, *h. t.*).

Modo. — Lorsque, dans une stipulation, l'obligation est contractée sous une alternative, le choix appartient au débiteur, à moins que le contraire ne soit formellement stipulé. Supposons qu'un créancier ait stipulé *hominem aut decem*, sans se réserver le choix, et qu'il reçoive ensuite un fidéjusseur en stipulant *hominem aut decem, utrum ego vellem*. L'obligation du fidéjusseur est *durior ;* donc elle est nulle (l. 8, § 9, *h. t.*). Si, au contraire le choix, laissé au créancier dans l'obligation principale, était attribué au fidéjusseur dans l'obligation accessoire, celle-ci serait valable (l. 8, §. 10, *h. t.*). De même si, après avoir stipulé du débiteur principal, Stichus et Pamphile, je stipule du fidéjusseur Stichus ou Pamphile. Et cela pour la même raison que dans l'espèce précédente (l. 8, § 11, *h. t.*).

Toutes les hypothèses qui précèdent n'offrent aucune difficulté. Mais la loi 8 *h. t.* nous présente une hypothèse plus délicate, dans son § 8. Le débiteur principal a promis Stichus ; le fidéjusseur promet Stichus ou dix. Julien et Marcellus, tous deux cités dans le texte, s'accordent pour déclarer nulle cette fidéjussion. Mais au motif invoqué par le premier, le second en joint un autre. Julien déclare nul l'engagement du fidéjusseur « quia durior » ejus fit conditio. » Lors en effet que de deux objets promis sous une alternative l'un vient à périr, l'obligation devient pure et simple à l'égard de l'autre (l. 95 pr. et § 1 *De Solutionibus;* l. 34 § 6 *De contr. empt.*) Que Stichus vienne à mourir, voilà le débiteur principal libéré. Il est inadmissible dès lors que le fidéjusseur reste tenu. A ce motif donné par Julien, Marcellus en joint un autre : « quia et in » aliam potius obligationem acceptus est. » Ainsi, suivant ce jurisconsulte, la fidéjussion est nulle non-seulement parce que la condition du fidéjusseur est plus dure, mais en outre parce que l'objet en est *aliud*. Ulpien, l'auteur du texte que nous étudions, se range à l'avis de Marcellus et en tire immédiatement une conséquence toute naturelle. Si l'obligation du débiteur principal est de 10 et que le fidéjusseur promette 10 ou Stichus, le résultat obtenu est, quant à la fidéjussion, nul comme dans l'espèce précédente. C'est qu'ici encore il y a *aliud*, d'après Marcellus et Ulpien. D'après la doctrine de Julien il faudrait au contraire déclarer valable cette dernière fidéjussion, parce qu'elle est contractée *in leviorem causam*. En effet, de deux choses l'une : ou Stichus mourra et alors débiteur et fidéjusseur seront dans la même situation l'un et l'autre ; ou, Stichus vivant, le fidéjusseur pourra se libérer en donnant à son choix Stichus ou 10.

Si la loi 8 § 8 était le seul texte qui traitât au Digeste de la valeur d'une fidéjussion contractée sous une alternative, nous ne pourrions douter de la solution admise par les commissaires de Justinien. Mais ils ont placé dans le même titre *De fidej.*

une loi de Paul, la loi 34, qui donne une décision contraire à celle de Marcellus et d'Ulpien : Si j'ai stipulé, dit Paul, du débiteur principal *dari mihi*, et du fidéjusseur *mihi aut Titio*, Julien estime que la situation du fidéjusseur est meilleure. Si au contraire J'ai stipulé du débiteur principal *mihi aut Titio*, et du fidéjusseur *mihi*, Julien dit qu'il y a *causa deterior* pour le fidéjusseur. Cette première partie de la loi n'offre aucune difficulté et ne fait que confirmer les principes que nous connaissons déjà. Mais voici la fin du texte, qui est en contradiction manifeste avec l'opinion de Marcellus : « Que décider si j'ai stipulé du débiteur principal Stichus ou Pamphile, et du fidéjusseur Stichus seulement? Le fidéjusseur est-il engagé sous une condition plus onéreuse, puisqu'il n'a pas le choix, ou est-il tenu plus avantageusement? Cette dernière opinion est la vraie, car la mort de Stichus libérera le fidéjusseur.» Ainsi, suivant Paul, on peut envisager la situation du fidéjusseur à deux points de vue. On peut le considérer comme obligé *in duriorem causam*, car il n'a pas le choix entre les deux esclaves, et celui qu'il doit donner est peut-être d'une valeur supérieure à l'autre. Mais on peut dire aussi que la *causa* est *levior* en ce sens que la mort de Stichus éteindra l'obligation en laissant subsister quant à Pamphile celle du débiteur principal. Cette seconde considération détermine Paul à se prononcer pour la validité de la fidéjussion. Marcellus au contraire la déclarerait nulle. Il est vrai que dans la loi 8 il prévoit l'hypothèse inverse, mais la raison qu'il donne de l'annulation, « quia in aliam obligationem » acceptus est, » ne peut laisser aucun doute sur le point de savoir ce qu'il déciderait dans l'hypothèse prévue par Paul.

La contradiction entre les deux lois que nous venons d'étudier est manifeste. Nous ne chercherons donc pas une conciliation impossible. Mais nous signalerons une conséquence qui s'impose dans l'opinion dont Marcellus s'est fait le défenseur. Etant donné le § 55 du Commentaire IV de Gaius, ainsi conçu : « qui intenderit aliud pro alio nihil in » judicium deducit, » ils doivent admettre que celui à qu'il est dû 10 et qui demande 10 ou Stichus n'encourt pas la peine de la plus pétition. Il n'a pas demandé plus que ce qui lui est dû. Il a demandé autre chose.

On serait tenté au premier abord de voir une obligation fidéjussoire contractée *in duriorem causam* dans le cas où le fidéjusseur a cautionné pour 100 l'un de deux *correi* tenus chacun pour 100, puisque chacun d'eux ne devra en définitive payer que 50. Ce serait une erreur, car chacun pouvant être poursuivi pour 100, on comprend que le fidéjusseur puisse être poursuivi pour la même somme.

Nous venons de voir que l'obligation accessoire ne peut excéder l'obligation principale. Elle peut en général l'égaler. Nous trouvons cependant au

C. III § 124 et 125 de Gaius une loi *Cornelia* (an de R. 673), applicable à tous les *adpromissores*, sans distinction, et qui leur défend de s'engager pour le même débiteur, vis-à-vis du même créancier, et dans la même année, pour plus de 20,000 sesterces. Gaius nous présente cette loi comme protectrice des *adpromissores*, qui ne pourront prendre des engagements exagérés. Il est possible qu'elle ait un autre but, celui de préserver les emprunteurs d'une prompte ruine, en les empêchant de contracter de trop fortes obligations. Si malgré la défense de la loi *Cornelia* un *adpromissor* s'est engagé pour plus de 20,000 sesterces, quel sera le sort de son engagement? Le manuscrit de Gaius présente une lacune que les interprètes ont ainsi comblée : *non tamen tenebitur*. Nous acceptons cette décision, comme conforme aux principes que nous avons déjà vus, mais nous devons mentionner une autre version qui remplace ainsi la partie absente du texte : « tamen duntaxat viginti damnatur. »

Gaius nous signale quatre cas dans lesquels le fidéjusseur pourra être reçu *in infinitum*. C'est d'abord lorsqu'il est reçu *dotis nomine*. Nous étudions ailleurs la constitution des empereurs Gratien, Valentinien, et Théodose, qui décident que la fidéjussion n'est pas possible quand il s'agit de l'obligation du mari de restituer à sa femme la dot qu'il a reçue. C'est ensuite lorsqu'il s'agit de garantir un legs ou un fidéicommis ; lorsque la caution est donnée sur l'ordre du juge ; enfin lorsqu'une satisda-

tion est ordonnée par la loi *Vicesima hereditatum.*
(Cette loi, rendue sous Auguste, établit un impôt
d'un vingtième sur les successions·testamentaires
ou légitimes, toutes les fois qu'elles ne passent pas
à un *suus heres.*)

DEUXIÈME PARTIE

EFFETS DE LA FIDÉJUSSION

Nous diviserons cette deuxième partie en deux
chapitres.
1° Droits du créancier.
2° Bénéfices divers accordés aux fidéjusseurs.

CHAPITRE PREMIER

DROITS DU CRÉANCIER

Le premier effet qui résulte d'une fidéjussion valablement contractée est de permettre au créancier de poursuivre le fidéjusseur au lieu du débiteur principal (l. 5. Code *De fidej.*) S'il a reçu une hypothèque il peut poursuivre le fidéjusseur avant d'intenter l'action hypothécaire (l. 2. *cod. tit.*) Le fidéjusseur ne peut donc éviter les poursuites intentées contre lui; il ne peut pas non plus, du moins en principe, exiger que le créancier procède préalablement, soit à la vente du gage, dans le cas où il en a reçu un, soit à la discussion des biens du débiteur principal. Nous verrons bientôt les divers adoucissements apportés par la suite à cette rigueur du droit primitif.

Le créancier peut demander ce qui est l'objet de la fidéjussion. Mais il n'est pas toujours facile de savoir ce qui a été cautionné. Prenons un exemple : un esclave peut, comme nous l'avons vu, s'obliger naturellement et engager par suite son maître jusqu'à concurrence de la valeur de son pécule. Supposons qu'un fidéjusseur intervienne. Il faudra examiner avec soin l'engagement, car son étendue sera bien différente suivant qu'il s'appliquera à l'obligation de l'esclave ou à celle du maitre. Dans le premier cas le fidéjusseur sera tenu *in infinitum*. Il ne sera tenu dans la seconde hypothèse que jusqu'à concurrence de son pécule (l. 35 et 21 § 2 *h. t.*) L'écrit constatant la fidéjussion sera généralement assez explicite, lorsque les parties auront eu soin d'en faire établir un. A défaut d'écrit, on examinera la formule employée pour créer l'obligation. (l. 68 § 1 *h. t.*)

Il est certains cas où la loi elle-même oblige un débiteur à fournir un fidéjusseur (l. 10 *Rem pupilli*). Celui-ci est alors censé s'être engagé *in omnem causam*. Ainsi le fidéjusseur d'un fermier répondra du paiement de tous les termes (l. 58 pr. *h. t.*) Si le propriétaire a placé sur le fonds des instruments aratoires destinés à l'exploitation, *dos prædiorum*, le fidéjusseur répond aussi de la valeur estimative des outils qui ont été évalués au moment du contrat, *ob pecuniam*. Il n'y a pas à distinguer d'ailleurs si le fidéjusseur est intervenu au moment où le contrat a été passé entre le propriétaire et son fermier, ou s'il ne s'est engagé que plus tard. Dans les deux cas il s'est tacitement engagé à garantir tout ce qui fait l'objet du contrat, puisqu'il n'a fait aucune réserve, (l. 52 § 2, *h. t.*)

Il peut arriver qu'une obligation, garantie par un fidéjusseur, s'accroisse par la suite. Une question se pose alors : le fidéjusseur est-il tenu non-seulement pour ce qu'il a garanti, mais aussi pour ce qui est ensuite venu s'ajouter à l'obligation ? Si le créancier est l'auteur de cette augmentation de l'obligation principale, il ne serait pas juste de faire retomber le poids de sa faute sur le fidéjusseur. C'est ce que décide la loi 73 *h. t.* qui suppose l'espèce suivante. Un *procurator* intente une action *in rem* et donne la caution *ratam rem dominum habiturum.* Il succombe dans sa demande. Le maître, à l'égard de qui il n'y a pas *res judicata,* intente de nouveau le même procès et obtient gain de cause. Mais le défendeur refuse de restituer, et est, pour ce fait, condanné à une somme considérable. Quand il recourra contre le *procurator,* le fidéjusseur donné par celui-ci ne se sera pas tenu dans la limite de la condamnation exhorbitante que le défendeur a encourrue par sa faute : « Hoc enim, dit Paul, non debet imputari fidejussoribus, quod ille propter suam pœnam præstitit. »

Si c'est par le fait du débiteur principal que la dette s'est accrue, nous pouvons dire en règle générale que la solution dépend de la manière dont s'est engagé le fidéjusseur. A-t-il restreint son obligation ou s'est-il obligé *in omnem causam ?* Tout dépend de là. Avant de voir l'application de ce principe, écartons une hypothèse que l'on pourrait être tenté de confondre avec celle dont nous allons nous occuper. Le débiteur a par sa faute ajouté une obligation à la première. Dans ce cas le fidéjusseur n'est pas tenu. Ainsi les fidéjusseurs des magistrats ne

sont pas tenus d'une amende qu'ils n'ont pas pro-
mise(L. 68, pr. *h. t.*).

Plaçons-nous dans l'hypothèse d'un contrat de
bonne foi. Le débiteur principal qui ne s'est pas
obligé à payer les intérêts peut y être contraint par
diverses circonstances, la *litiscontestatio*, la *mora*,
la décision du juge Nous avons, en donnant la règle
générale, indiqué quelle sera la situation du fidéjusseur. S'est-il obligé *in omnem causam?* Il est
tenu des intérêts, car il a dû prévoir que le fait de
garantir un débiteur engagé en vertu d'un contrat
de bonne foi pourrait entraîner une augmentation
de l'obligation principale. La loi 54 *Locati* ne laisse
aucun doute sur ce point et la décision de Paul est
certaine. Il pose lui-même les objections que pourra
être tenté de faire le fidéjusseur et y répond.
D'ailleurs le fidéjusseur ne peut guère se plaindre
de ce résultat. Il avait un moyen bien simple de
l'éviter ; il n'avait pour cela qu'à restreindre expressément au capital son engagement, lorsqu'il l'a
formé. La loi 68, § 1 *h. t.* nous en donne un exemple :
Un fermier des impôts a donné des fidéjusseurs
qui se sont engagés jusqu'à concurrence de 100 par
an. Le fisc met la main sur les biens de Romulus, l'un
des fidéjusseurs, engagé envers lui, et poursuit les
fidéjusseurs pour le capital et pour les intérêts.
Lecture faite de la *suscriptio*, comme les fidéjusseurs
se sont engagés seulement à 100 par an, l'empereur
décide qu'ils ne sont pas tenus des intérêts.

Dans la première partie de cette étude nous

avons vu que la fidéjussion ne peut être contractée *in duriorem causam.* Cela nous a fait pressentir la règle que nous donne la loi 57 *h. t.* aux termes de laquelle le fidéjusseur ne peut être poursuivi avant que la dette ne soit devenue exigible de la part de *reus.* N'exagérons par toutefois la portée de ce texte. Il laisse de côté la question de savoir si dans telle circonstance donnée le débiteur pourra opposer une exception que le fidéjusseur ne pourrait pas invoquer (l. 22 *De pactis*). Nous aurons bientôt à étudier cette situation. Contentons-nous pour le moment de constater que la loi 57 n'a pas d'autre sens que celui-ci : l'action ne peut être intentée contre le fidéjusseur alors que *ipso jure* elle ne pourrait pas l'être contre le débiteur principal. Examinons quelques hypothèses. Un fidéjusseur fait à Rome une promesse de donner à Capoue, alors que le débiteur principal, déjà obligé lui-même, et se trouvant dans cette ville, est par conséquent passible d'une poursuite immédiate. Le fidéjusseur pourra-t-il aussi être poursuivi sur le champ? Non, car il doit profiter du terme tacite qui serait accordé au débiteur principal dans le cas où celui-ci, ayant promis de donner à Capoue, se trouverait à Rome au moment où il contracterait son engagement. Si nous supposons maintenant que c'est le fidéjusseur qui est à Capoue, tandis que le débiteur principal, déjà obligé, n'a pu encore parvenir dans cette ville, nous serons conduits à donner la même solution que dans l'hypothèse précédente et à refuser au créancier le droit de poursuivre immédiatement le fidéjusseur. Mais ici nous avons un autre motif de donner cette décision. Le fidéjusseur ne peut être tenu *in durio-rem causam;* et il le serait s'il pouvait être poursuivi alors que le débiteur principal est encore à l'abri de toute réclamation. Le fidéjusseur a donc, ainsi que le fait remarquer la loi 49 § 2 *h. t.* un terme tacite « ex utriusque personâ tam rei promittendi » quam ipsius fidéjussoris » '

CHAPITRE II

Nous avons annoncé, en étudiant les droits du créancier, que divers adoucissements furent apportés à des époques différentes à la situation du fidéjusseur. Cela s'appliquait au bénéfice dont nous allons nous occuper maintenant, en laissant de côté l'historique sur lequel nous n'avons pas à revenir.

SECTION PREMIÈRE

BÉNÉFICE DE DIVISION

§ 1. *Entre qui est-il donné?*

Le bénéfice de division est donné entre les fidéjusseurs solvables au moment de la *litiscontestatio* (Inst. § 4 *De fidej.* Gaius III § 121.) Cette disposition est fort équitable. On conçoit bien que le créancier soit forcé de demander son paiement en plusieurs fois et à plusieurs personnes ; mais du moins faut-il qu'il soit assuré de recouvrer tout ce qui lui est dû. On ne peut lui faire courir le risque de perdre une partie de sa créance, et c'est ce qui arriverait si on l'obligeait à s'adresser à des insolvables. Il faut d'ailleurs comprendre dans le calcul des biens des fidéjusseurs, calcul nécessaire pour établir leur degré de solvabilité, l'évaluation de la fortune des certificateurs qu'ils ont pu donner (loi 27, § 2, *h. t.*).

Les modalités apposées à l'engagement du fidéjusseur peuvent exercer une influence sur la division. C'est ce que nous voyons dans la loi 27 pr. *h. t.* Un fidéjusseur est obligé purement et simplement, un autre à terme, un troisième sous condition. Ulpien se demande comment devra s'opérer la division. Le terme ne suspendant que l'exigibilité de la dette et non son existence, il ne saurait s'élever de difficulté sur ce point. Mais on peut être embarrassé en ce qui concerne la condition, car il est difficile de faire entrer dans le calcul de la part virile de chacun une obligation qui n'existe pas encore, et qui peut-être n'existera jamais. Néanmoins Ulpien décide que tant que la condition a des chances de s'accomplir, il faut venir au secours du fidéjusseur pur et simple, qui est poursuivi et qui se trouve tenu d'une obligation garantie par un autre fidéjusseur, obligé sous condition. On déclarera le premier tenu seulement pour sa part virile, sauf au créancier à recourir plus tard contre lui, si la condition ne s'accomplit pas, ou si, à l'époque de son accomplissement, le fidéjusseur conditionnel se trouve insolvable.

Il peut se trouver un incapable parmi les fidéjusseurs. Faudra-t-il, en le mettant absolument hors de cause, faire retomber sur les autres fidéjusseurs la part qu'il ne doit pas supporter? Pour ce qui concerne la femme, la loi 48 pr. *h. t.* déclare que son cofidéjusseur sera tenu *in solidum* et ne pourra invoquer le bénéfice de division, car il devait savoir, ou de sa part il y aurait une erreur trop grande à ignorer que les femmes, d'après le S. C. Velleien, ne peuvent *intercedere* pour autrui. Malgré la généralité des termes employés par le jurisconsulte, nous pensons qu'il faudra se montrer moins sévère envers le fidéjusseur qui aurait eu un motif plausible de croire que la femme avec laquelle il se portait caution se trouvait dans l'un des cas exceptionels où il lui est permis d'*intercedere*.

En ce qui concerne le mineur voici ce qu'en dit Papinien § 1 *ead. leg.* : « Huic similis et illa quæstio
» videri potest, ob ætatem si restituatur unus fide-
» jussor, an alter onus obligationis integrum exci-
» pere debeat. Sed ita demum alteri totum irro-
» gandum est, si postea minor intercessit, propter
» incertum ætatis ac restitutionis. Quod si dolo
» creditoris inductus ut minor est fidejubeat, non
» magis creditori succurendum erit adversus cofi-
» dejussorem, quam si, facta novatione, circum-
» vento minore, desideraret in veterem debitorem
» utilem actionem sibi dari. » Cette loi a été inter-

prêtée de diverses manières par les commentateurs. Les uns (Favre *Conject.* livre. VIII, ch. 1) corrigent le texte et remplacent les mots : si *postea minor,* par ceux-ci : *si post minorem.* D'après eux Papinien voudrait dire que le majeur est tenu *in solidum,* quand il est intervenu après le mineur et pour garantir le créancier contre l'éventualité d'une *restitutio in integrum* . Ce but de la fidéjussion du majeur serait indiqué par les mots *propter incertum ætatis ac restitutionis.*

Nous ne nous arrêterons pas à ce système qui a le double inconvénient de modifier le texte et de rendre inutile la similitude annoncée par Papinien entre le cas qui nous occupe et celui que nous venons de voir dans le *pr.* de la même loi.

D'autres interprètes (Cujas. *Comment. in lib. quæst. Papin. t. IV.C.* 268 et suivantes) pensent que Papinien a prévu deux hypothèses et a voulu donner une solution pour chacune d'elles. Le mineur n'est-il intervenu que postérieurement à la fidéjussion émanée du majeur ? celui-ci supportera tout le poids de la dette. Les deux fidéjusseurs se sont-ils, au contraire, engagés simultanément ? Le majeur aura droit au bénéfice de division *propter incertum* etc. qu'il faut ainsi traduire : parce que le majeur ne connaissait pas l'âge de son cofidéjusseur et la possibilité d'une *restitutio in integrum* en sa faveur. Cette explication à laquelle on ne saurait en tous cas refuser le mérite d'être fort ingénieuse, nous paraît cependant devoir être rejetée, car il est

peu probable que Papinien, prévoyant deux hypothèse, en sous-entende une, la résolve tacitement,
et se préoccupe de justifier la décision qu'il donne
au sujet de cette hypothèse sous-entendue.

Pour nous il nous paraît bien plus naturel de ne
pas chercher dans le texte les éléments d'une double
hypothèse. Nous croyons que le jurisconsulte n'en
prévoit qu'une, mais, à l'inverse de Fœvre, nous
croyons que le cas dont il s'occupe est celui où il y
a eu successivement deux fidéjussions, dont la
première émane d'un majeur. Le motif donné par
Papinien se comprend alors très bien. S'il refuse au
fidéjusseur majeur le bénéfice de division, c'est que
l'obligation nouvelle qui est venue s'ajouter à la
sienne n'est qu'une obligation incertaine et précaire,
par suite de l'âge de celui qui a contracté et de la
possibilité d'une *restitutio in integrum* . (M. Machelard *Oblig. nat.* p. 246.)

Ainsi Papinien ne donne, selon nous, de solution
que dans l'une des hypothèses qui peuvent se présenter. Que déciderons-nous donc au cas de fidéjussion simultanée ? Il faut distinguer :

Si le fidéjusseur n'a pas connu la minorité de son
cofidéjusseur, nous lui accordons le bénéfice de
division, car il y a ici une erreur de fait, et non pas,
comme dans le cas où l'incapable est une femme,
une erreur de droit assez grossière pour ne mériter
aucune protection. (Nous réservons d'ailleurs les
cas exceptionels où l'erreur commise relativement
à la validité de l'engagement de la femme serait

une erreur de fait.) Si le fidéjusseur majeur était instruit de l'âge de son cofidéjusseur, nous pensons qu'il ne devrait pas être admis à invoquer le bénéfice de division. De même que dans tous les cas il doit prévoir l'éventualité possible d'une insolvabilité, il devait dans ce cas particulier s'attendre à une *restitutio in integrum.* Et comment pourrait-il s'en plaindre, alors que, comme nous le verrons plus tard, il ne pourrait critiquer une remise loyalement faite par le créancier à son cofidéjusseur. (L. 23 *De pactis.* L. 15 § 1 *h. t.*)

La fin de la loi 48 § 1 présente une application de la règle générale d'après laquelle le dol ne doit nuire qu'à celui qui en est l'auteur. Si le créancier a employé le dol pour obtenir l'intervention du mineur, il supportera seul le préjudice résultant de la restitution, et le cofidéjusseur jouira du bénéfice de division.

Le bénéfice de division n'existe qu'entre les personnes engagées non seulement *de eadem re* et *pro eodem reo*, mais aussi *pro eodem debitore.* Supposons qu'un créancier a reçu des fidéjusseurs de deux *rei promittendi* engagés envers lui. Ces fidéjusseurs pourront-ils invoquer le bénéfice de division comme ils le pourraient s'il n'y avait qu'un débiteur principale? (Inst. § 4 *De fidej.*) Il faut distinguer. Si le fidéjusseur Titius a cautionné le débiteur Primus, et que le fidéjusseur Mœvius ait cautionné le débiteur Secundus, Titius ne peut pas plus exiger la division entre Mœvius et lui que Primus ne pourrait l'exiger entre Secundus et lui : il n'y a jamais lieu au bénéfice de division là où un débiteur a fourni un seul fidéjusseur. Si au contraire un même débiteur, Primus, par exemple, a fourni plusieurs fidéjusseurs, celui d'entre eux qui sera poursuivi par le créancier pourrait très-bien exiger que l'action fût divisée entre lui et les autres fidéjusseurs de Primus qui seraient solvables (L. 51 § 2 *h. t.*) La distinction que nous venons d'établir présuppose cette idée que chacun des *rei promittendi* doit être traité, en principe, comme s'il était seul débiteur principal.

Nous avons vu, en étudiant la question de savoir envers qui on peut s'engager comme caution, qu'un fidéjusseur peut à son tour en recevoir un autre. Nous avons dit que le premier est considéré par rapport à l'autre comme un débiteur principal. Il en résulte nécessairement qu'ils ne peuvent pas invoquer l'un contre l'autre le bénéfice de division (Loi 27, § 4, *h. t.*). Mais il en serait autrement dans l'hypothèse suivante : Primus et Secundus sont fidéjusseurs du même créancier, à qui Primus fournit en outre Titius en qualité de sous-fidéjusseur. Titius et Secundus pourraient très-bien invoquer l'un contre l'autre le bénéfice de division, car Titius en cautionnant Primus a entendu se trouver dans la même situation que lui, ce qui n'aurait pas lieu si on lui refusait un avantage accordé à Primus. De même encore, les divers sous-fidéjusseurs d'un fidéjusseur principal auront entre eux le bénéfice de division (Loi 27, § 1, *h. t.*) Nous savons par la loi 1, § 11, *De tut. et rat.*, que lorsqu'un pupille a plusieurs tuteurs qui ont tous géré ensemble, et que d'ailleurs tous sont solvables, celui qui est poursuivi seul, *in solidum*, peut invoquer le bénéfice de division. Si l'un de ces tuteurs a fourni un fidéjusseur, et que celui-ci soit poursuivi, il aura également le droit d'invoquer le bénéfice contre les cotuteurs du tuteur qu'il a cautionné. C'est ce que nous apprend la loi 6 *De fidej. et nom.* Voici quel en est le motif : on ne veut pas que le fidéjusseur soit tenu *in duriorem causam.* Ce qui prouve bien que telle est la raison de cette décision, c'est que les fidéjusseurs d'un tuteur ne peuvent invoquer l'un contre l'autre le bénéfice de division (Loi 12, *Rem pupilli*). En résumé, on protége énergiquement les intérêts du pupille, mais on ne va jusqu'à faire échec à la règle que le fidéjusseur ne peut pas être tenu *in duriorem causam.*

Il faut remarquer que si les fidéjusseurs peuvent renoncer au bénéfice de division, il est nécessaire du moins qu'ils se soient formellement expliqués à ce sujet. Les empereurs Sévère et Antonin, consultés sur le sens de cette clause ajoutée à un cautionnement : « Ut singuli in solidum tenerentur », décident qu'elle ne contient pas une renonciation au bénéfice de division. La raison qu'ils donnent est celle-ci : Si ce pacte n'avait pas été inséré, les fidéjusseurs ne seraient-ils pas tenus de plein droit *in solidum* ? Il n'y a donc rien là d'assez énergique ni d'assez exprès pour s'écarter de la constitution d'Adrien et du droit ordinaire, « nihil mutat hæc » res conditionem juris et constitutionem. (Loi 3, Code, *De fidej.*).

§ 2. *Dans quelles formes et à quel moment le bénéfice de division peut-il être invoqué ?*

Le bénéfice de division n'a pas lieu de plein droit en vertu du rescrit d'Adrien. Il doit être formellement invoqué par le fidéjusseur poursuivi. (Inst., § 4, *De fidej.*, G., III, § 121, loi 26, *h. t.*). Voici comment les choses vont se passer : Un créancier, qui a reçu deux fidéjusseurs, se trouve avec l'un d'eux en présence du magistrat et demande à ce dernier la délivrance d'une formule afin de se faire payer la totalité de sa créance. Il ne pourra obtenir ce qu'il demande qu'à condition de nier la solvabilité de celui des fidéjusseurs qui n'est pas actuellement en cause.

Mais si le fidéjusseur présent soutient que l'autre est solvable, le préteur, qui n'a pas à entrer dans l'examen des faits, ajoutera à la formule l'exception : « si non et ille solvendo sit », laissant ainsi au juge le soin de trancher la question de fait (Loi 28, *h. t.*; loi 51, § 1, *h. t.*). Ainsi donc, c'est *in jure* que doit être invoquée l'exception protectrice du fidéjusseur. Elle ne peut plus l'être après la *litiscontes-*

talio, dont nous avons déjà constaté l'effet extinctif. Plusieurs textes ne laissent aucun doute sur ce point. (*Inst.*, § 4, *De fidej.*; loi 51, § 1 et 4, *h. t.*; loi 16, Code *De fidej.*). Un seul pourrait faire naître quelques doutes. C'est la loi 10 au Code *De fidej.*, de l'empereur Claude, en vertu de laquelle « ante con- » demnationem ex ordine postulari solet. » La condamnation étant prononcée par le juge et non par le magistrat, on pourrait croire, si ce texte était isolé, que même après la *litiscontestatio* et jusqu'à la décision du juge le fidéjusseur était recevable à invoquer l'exception. Mais la logique d'une part, de l'autre les diverses lois que nous venons d'étudier, tout nous montre que cette décision est inacceptable. Il nous faut donc chercher un autre sens à la constitution d'Alexandre. Il suffit, pour en trouver un très-satisfaisant, de supposer que le mot c *·mn-natio* désigne ici la partie de la formule où le c. .gistrat traçait au juge la limite qu'il devait ne pas franchir en prononçant la condamnation du défendeur. Ainsi entendue, la loi 10 devient une confirmation nouvelle du principe que nous avons admis.

§ 3. *Effets du bénéfice de division.*

Le principal effet du bénéfice de division est de permettre à chaque fidéjusseur de faire diviser la créance en autant de parts qu'il y a de cautions sol-

vables au moment de la *litiscontestatio*. Les insolvabilités survenues après cette époque sont à la
charge du créancier, alors même que celui-ci serait
mineur de vingt-cinq ans. Il ne peut obtenir une
restitutio in integrum, car le fait de sa minorité ne
saurait rien changer à cette application du droit
commun : il supporte, il est vrai, un préjudice,
mais ce n'est pas à cause de son âge (Loi 51, § 4,
h. t.). Quant aux insolvabilités survenues avant la
litiscontestatio, elles sont à la charge des fidéjusseurs. Un mineur est lésé parce qu'il a omis de s'enquérir de la solvabilité d'un fidéjusseur, ou bien il
a fractionné ses poursuites au lieu de poursuivre
l'un de ses fidéjusseurs *in solidum*. Dans l'un et
l'autre cas il obtiendra le bénéfice de la *restitutio
in integrum* (L. 52, § 1, *in fine h. t.*). Il faut, avons-
nous dit, que le bénéfice de division soit opposé *in
jure*. Cela nous conduit à décider que si, négligeant
le secours qui lui est offert, l'un des fidéjusseurs
paie sa part, il peut encore être poursuivi pour le
restant, sauf à réclamer le bénéfice au créancier pour
ce qui reste encore dû. Toutefois Papinien lui permet d'opposer aux poursuites l'exception de dol, si
son cofidéjusseur est encore solvable au moment de
litiscontestatio. (Loi 51, § 1, *h. t.*).

Il nous reste à tirer une conséquence importante
du principe que nous avons énoncé plus haut, à
savoir que la division n'a pas lieu de plein droit, et
que le bénéfice doit être invoqué par celui qui veut
en profiter. Il nous faut voir à ce sujet la loi 49 § 1,

h. t. qui prévoit successivement deux hypothèses.
Rappelons-nous d'abord que la loi des Douze-Tables
divise de plein droit entre les débiteurs l'obligation
du *De cujus*. Papinien suppose d'abord qu'un fidéjusseur a laissé deux héritiers : l'un d'eux paie la
dette garantie par le *De cujus* : il aura la *condictio
indebiti* si l'erreur qu'il a commise est une erreur
de fait, et l'autre héritier restera obligé pour sa
part. Ce dernier resterait également obligé, alors
même que l'erreur de son cohéritier, étant une
erreur de droit, ne donnerait pas lieu à une *condictio indebiti*. La raison que donne le jurisconsulte
est celle-ci : même dans ce dernier cas le paiement
ne transfère pas parfaitement la propriété de la
somme au créancier, puisque celui-ci est naturellement tenu de restituer ce qu'il a reçu en sus de la
part de l'héritier qui l'a payé.

Seconde hypothèse : deux fidéjusseurs ont garanti
une somme de 20. L'un d'eux meurt laissant deux
héritiers que nous appellerons Primus et Secundus.
Or, notons que d'une part la mort du fidéjusseur
avait eu pour résultat, d'après la loi des Douze-
Tables, de diviser de plein droit la dette entre les deux
héritiers; et qu'en outre chacun des héritiers pouvait invoquer le bénéfice de division contre le fidéjusseur encore vivant, ce qui aurait réduit à 5 sa
part contributoire dans le paiement. Quels vont
être les droits de Primus? Il va sans dire qu'il
pourra recourir contre le créancier et lui réclamer 10. Mais ne faut-il pas lui permettre de récla-

mer en outre 5, afin de ramener ses déboursés à la
somme de 5, la seule qu'il eût été contraint de
payer, s'il avait eu soin d'invoquer le bénéfice de
division. Non, répond Papinien, qui s'appuie d'ailleurs sur une décision d'Antonin le Pieux. Il n'y a
pas ici paiement de l'indu. Il ne peut y avoir *condictio indebiti*. Faisons remarquer que Pothier dans
ses *Pandectes de Justinien* (*hoc titulo*) corrige ainsi
les mots du Digeste. Au lieu de *Severior et utilior*,
il dit : *Sed verior et utilior*, ce qui est, à notre avis,
beaucoup plus logique.

Une dernière remarque avant de quitter le bénéfice de division. La loi 10 § 1, *h. t.*, le refuse expressément à celui qui a commencé par nier sa qualité
de fidéjusseur.

SECTION II

BÉNÉFICE DE CESSION D'ACTIONS

Nous n'avons pas à revenir sur la manière dont
s'introduisit à Rome le bénéfice *cedendarum actionum*. Notons d'abord que le fidéjusseur a toujours
intérêt à l'invoquer. Cet intérêt est évident lorsque
le débiteur étant insolvable, le créancier possède,
en dehors du cautionnement, une hypothèque sur
ses biens. Peu importe, d'ailleurs, que les biens

hypothéqués soient entre les mains du débiteur ou entre celles de tiers détenteurs. Le fidéjusseur à qui le créancier a cédé ses actions peut être sûr, dans l'un et l'autre cas, de rentrer dans ses déboursés, à condition toutefois que la valeur des biens hypothéqués soit au moins égale au montant de la dette (l. 14, Code *De fidej.*). Alors même qu'aucune hypothèque ne garantit la créance, le fidéjusseur a encore intérêt à invoquer le bénéfice; il pourra, après l'avoir obtenu, recourir plus tard contre ceux de ses cofidéjusseurs qui, insolvables au moment de la *litis contestatio*, sont depuis revenus à meilleure fortune. Il est obligé de payer pour le moment, mais avec l'espoir de pouvoir rentrer un jour dans ses déboursés.

Une objection se présente tout naturellement à l'esprit. Etant donné le caractère rigoureux et surtout formaliste du droit romain, comment peut-on céder des actions que le paiement vient d'éteindre ? Paul prévoit cette objection et la réfute dans la loi 36 *h. t. : non in solutum accepit*, dit-il, *sed nomen debitoris vendidit*. On ne peut admettre que celui qui paie et celui qui reçoit le paiement aient l'intention d'éteindre la créance, puisque cette créance est précisément ce que l'un vend et ce que l'autre achète.

Le bénéfice que nous étudions n'est pas particulier aux fidéjusseurs. Tout débiteur qui désintéresse son créancier a le droit de se faire céder par lui ses actions contre ses codébiteurs. En ce qui concerne le fidéjusseur, l'action lui sera cédée au moyen d'une *procuratio in rem suam*. En général, le créancier ne fera aucune difficulté pour la lui accorder. S'il s'y refuse, c'est au magistrat qu'il appartient de trancher la question, et voici comment il s'y prendra. Il refusera toute action au créancier si le dol de celui-ci est manifeste. S'il y a, au contraire, une question de fait délicate à examiner, que la malignité du créancier qui refuse la cession de ses actions ne soit pas évidente, le préteur en renverra l'examen au juge, en délivrant au créancier une formule modifiée sur l'exception du dol. Le juge reconnaît-il qu'il y a dol de la part du créancier, à refuser la cession, il absoudra le fidéjusseur défendeur. Reconnaît-il que ce dernier est mal fondé à réclamer le bénéfice, il devra le condamner, l'exception n'étant pas justifiée. (M. Demangeat. *Oblig. solid.*, p. 253.) Ajoutons que la cession ne peut plus être réclamée après la *litis contestatio*. Nous savons déjà pourquoi.

Il nous faut signaler une conséquence qui résulte du caractère unilatéral du contrat générateur de la fidéjussion : le créancier n'est pas obligé de conserver ses actions pour les céder au fidéjusseur. Il est contraint de les lui céder telles qu'il les a, mais il n'est pas garant de leur conservation. Cela résulte de la loi 15 § 1, *h. t.* qui prévoit le cas où un créancier a renoncé à agir contre un des fidéjusseurs moyennant une somme de 5 et décide qu'il a conservé contre l'autre fidéjusseur son action tout entière, sauf déduction des 5 qu'il a reçus du premier.

SECTION III

BÉNÉFICE D'ORDRE OU DE DISCUSSION

Le bénéfice de discussion fut, nous le savons, introduit dans la législation romaine par la novelle 4 de Justinien.

Le fidéjusseur s'obligeant à payer à défaut du débiteur principal, il semble tout naturel qu'on ne le poursuive que si le débiteur ne peut pas payer. Le bénéfice de discussion résulte donc bien de la nature des choses, et on peut s'étonner qu'il n'ait pas été admis plus tôt dans le droit romain. Cela s'explique jusqu'à un certain point, parce que les Romains avaient imaginé des moyens d'atténuer la rigueur du droit, qui permettaient d'arriver à peu près aux mêmes résultats. Nous croyons nécessaire de passer rapidement ces divers moyens en revue avant d'aborder l'étude de la Novelle IV.

Une convention fréquemment employée était la *fidejussio indemnitatis*, dont nous trouvons l'indication au Code dans la loi 2 *De fidej. tut.* Au lieu de promettre *idem*, le fidéjusseur promet *quanto minus a reo consequi potuerit creditor.* Comment se combinent ensemble les effets respectifs des deux stipulations, celle qui intervient entre le créancier et le débiteur principal, et celle qui a lieu entre le créancier et le fidéjusseur ? Les textes nous présentent à cet égard deux points de vue différents, l'un de Celsus, l'autre de Papinien annoté par Paul. Celsus fait une double hypothèse. Il suppose d'abord que le créancier agit contre le débiteur principal ; le *fidejussor indemnitatis* n'est libéré ni par la *litis contestatio*, ni même par la condamnation du *reus*. Le jurisconsulte suppose ensuite que c'est le fidéjusseur qui a été poursuivi le premier. Quelle sera l'influence de cette action sur l'obligation du débiteur ?

Celle-ci s'étendra-t-elle ou subsistera-t-elle encore? Suivant Celsus, l'action subsistera contre le débiteur pour tout ce que le créancier n'aurait pas pu demander efficacement au fidéjusseur. Supposons une dette de 10. Au moment de la *litis contestatio*, le débiteur n'aurait pu payer que 7. C'est donc 3 seulement que le créancier aurait pu demander efficacement au fidéjusseur. Il pourra donc demander au débiteur 7, mais pas davantage, cette somme étant celle que le débiteur aurait pu payer au moment de la *litiscontestatio* (l. 42, *De rebus cred.*) Voici donc, en résumé, quelle est l'opinion de Celsus : lorsque le créancier poursuit d'abord le fidéjusseur, celui-ci ne peut être condamné que jusqu'à concurrence du chiffre que le débiteur principal est alors hors d'état de payer. On comprend sans peine quelles difficultés présenterait, dans la pratique, la nécessité imposée au juge de se livrer à une aussi délicate appréciation.

Passons maintenant au texte de Papinien, annoté par Paul. La loi 116 *De verb. oblig.* est du premier de ces jurisconsultes. Il remarque d'abord que le fidéjusseur court le risque de tout payer et ne sera libéré que par le paiement intégral effectué par le débiteur principal, si celui-ci est actionné par le créancier. Paul ajoute une note au texte de Papinien et fait remarquer que les obligés ne sont pas tenus d'une obligation corréale, le fidéjusseur n'étant tenu que sous la condition que le débiteur principal ne paiera pas. Il en conclut que si le *reus* paie, on ne pourra pas dire que le fidéjusseur est libéré, puisqu'il n'a jamais été tenu, la condition sous laquelle il s'était obligé n'étant pas arrivée. De plus, suivant Paul, le fidéjusseur ne peut pas être actionné pendant que la condition sous laquelle il est obligé est encore en suspens. Ce n'est que par la discussion des biens du *reus* que l'on saura si le fidéjusseur doit quelque chose et peut être valablement poursuivi. Ajoutons que dans la loi 21 *De solut.*, le même jurisconsulte Paul, reproduisant l'hypothèse que nous avons vue plus haut avec Celsus, emploie l'expression *non absolvitur*, en l'appliquant au fidéjusseur dont le sort est en suspens pendant la poursuite exercée contre le débiteur principal. C'est que, selon lui, l'expression *non liberatur*, dont se sert Celsus, a l'inconvénient de sous entendre que le fidéjusseur est dès le principe valablement obligé, ce que Paul n'admet pas. On voit la différence des points de vue auxquels se

placent les jurisconsultes que nous venons de citer.
Il y a tout lieu de croire que Celsus étant beaucoup
plus ancien, sa manière de voir a été abandonnée
plus tard et remplacée par celle de Paul, beaucoup
plus rationnelle et d'une plus facile application.

Nous venons de voir l'un des avantages de la
fidejussio indemnitatis : le créancier n'a pas à
craindre d'épuiser tout son droit par une première
poursuite intentée contre l'un des obligés, et de son
côté le fidéjusteur aura rarement à supporter tout
le poids de la dette. Ce n'est pas tout. Nous savons
qu'un fidéjusseur ordinaire ne peut repousser la
poursuite intentée contre lui, en prétendant que,
par sa négligence à poursuivre le débiteur principal, le créancier l'a laissé devenir insolvable (l. 62,
h. t.) Il en est autrement pour le *fidejussor indemnitatis* (l. 41, *h. t.*). Celui-ci n'est, en effet, tenu
envers le créancier que de l'indemniser du dommage que lui fait éprouver l'impossibilité de retirer
du débiteur le montant de sa créance. Or, le dommage qu'on éprouve par sa faute, par sa négligence
à poursuivre le débiteur principal, n'est pas un vrai
dommage dans le sens juridique du mot : « Dam-
num quod quis culpâ suâ sentit, sentire non
videtur. »

La *fidejussio indemnitatis* devient inutile sous
Justinien. En dehors même du bénéfice de discussion que nous allons étudier, la loi 28 C. *De fidej.*,
décide que dorénavant l'action dirigée contre le
débiteur principal ne libérera pas le fidéjusseur :

l'effet libératoire de la *litis contestatio* est aboli. Par conséquent, le créancier n'a plus d'intérêt à poursuivre d'abord le fidéjusseur, puisqu'il pourra le faire plus tard, si une première poutsuite, intentée contre le débiteur principal, n'est pas suffisante pour le désintéresser. Signalons, avant de quitter la *fidejussio indemnitatis* une singulière etourderie des commissaires de Justinien. L'empereur Alexandre, par une constitution rendue en l'an 228, signalait la différence que nous avons étudiée plus haut, à savoir que la poursuite exercée contre le *reus* libère le fidéjusseur ordinaire, tandis qu'elle ne libérerait pas le *fidejussor indemnitatis*. Désireux de mettre cette constitution en accord avec les règles nouvelles du droit de Justinien, les commissaires de cet empereur ont fait une bien maladroite correction. En ajoutant à la circonstance que le débiteur principal a été actionné, ou condamné, le fait d'un paiement fait par lui, ils ont effacé la différence que l'empereur Alexandre avait voulu mettre en relief. L'antithèse que la constitution voulait présenter n'existe plus, et le rescrit, si naturel dans sa forme véritable, est devenu un véritable nonsens.

La *fidejussio indemnitatis* est d'un emploi facile, étant toujours applicable. Voyons maintenant une autre convention dont la possibilité est subordonnée à une condition qui ne se rencontre pas toujours.

Lorsque le débiteur donne à son créancier à la

fois des gages et un fidéjusseur, celui-ci peut s'engager « in id quod ex pignoribus referri non possit. »
Le créancier est obligé dans ce cas de poursuivre
la vente des gages avant d'agir contre le fidéjusseur,
et ce dernier n'aura à payer que ce qui restera dû
après la vente, si elle ne suffit pas à désintéresser
le créancier (l. 51 § 3 *h. t.* l. 17, Code *De fidej.*) Une
convention de ce genre peut d'ailleurs être tacite,
et résulter, comme une conséquence nécessaire,
d'un pacte intervenu entre le créancier et le débiteur
principal. Nous disons que cette convention est tacite par rapport au fidéjusseur. Elle ne l'est pas
par rapport au créancier et au débiteur, puisqu'ils l'ont formellement stipulée. (l. 63 *h. t.*) Le
créancier fait-il périr le gage par sa faute, le fidéjusseur est libéré. Si le créancier n'est pour rien
dans la perte, le fidéjusseur reste tenu, « nec ad
» rem pertinebit fidejussor ita sit acceptus : Quanto
» minus ex pretio pignoris distracti servari po-
» tuerit; istis enim verbis etiam totum contineri
» convenit, (l. 52 pr. *h. t.*) »

Aux deux conventions que nous venons de voir,
nous pouvons en ajouter une qui est d'un usage
très-rare et qui ne mérite pas une bien longue mention. Elle nous est indiquée par la loi 16 § 6 *h. t.*
Le fidéjusseur s'engage à condition que le débiteur
sera poursuivi le premier. Cela résulte des termes
employés par lui. Si le débiteur vient à mourir
avant d'être poursuivi, on rentre dans le droit commun de la fidéjussion et le créancier peut exercer

des poursuites contre le fidéjusseur. Ainsi donc trois moyens sont offerts au fidéjusseur pour se soustraire aux inconvénients d'une poursuite dirigée contre lui. Si par négligence ou par tout autre motif le fidéjusseur a omis d'en employer un, il ne sera cependant pas dénué de toute ressource. Le § 2 *Mandati* des Institutes lui fournit une manière, aussi simple qu'ingénieuse de se soustraire, pour le moment du moins, à la poursuite dont il est menacé. Il n'a qu'à donner mandat à son créancier de poursuivre le débiteur principal à ses risques et périls (à lui fidéjusseur). Quel sera le résultat de ce mandat ? Le créancier poursuivra le débiteur et tachera de se faire payer par lui. S'il ne réussit pas à obtenir un paiement intégral, il se retournera contre le fidéjusseur. Celui-ci est libéré comme caution par le fait des poursuites exercées contre le créancier. Mais il reste tenu comme mandant et c'est par l'action *mandati contraria* que le créancier va se faire payer par lui ce qu'il n'a pu obtenir du débiteur principal. (l. 45 § 8 *Mandati.*) Voilà en quelque sorte le germe du bénéfice de discussion auquel nous arrivons maintenant.

Rappelons en passant qu'à côté de la fidéjussion se trouve une autre espèce d'*expromissio*, le « mandatum pecuniæ credendæ, » qui ne donne au créancier le droit de poursuivre le garant qu'à défaut de paiement de la part du débiteur.

C'est dans la novelle IV, que Justinien nous donne les règles concernant le bénéfice de discussion. Il prétend dans la préface la Novelle que, loin d'innover, il ne fait que relever une ancienne loi tombée en désuétude. Mais il est impossible de retrouver nulle part une trace quelconque de cette loi ; aussi attachons-nous peu de foi à l'affirmation de Justinien, malgré l'autorité de Cujas qui, dans son exposé de la Novelle IV, soutient que c'est de la loi des XII Tables qu'il s'agit. Cette conjecture est inadmissible. Comment croire qu'une disposition aussi importante n'eut été mentionnée dans aucun texte, si elle se fut trouvée dans une loi aussi souvent commentée que l'a été la loi des XII Tables. Quoiqu'il en soit de l'affirmation de Justinien, voici en quoi consiste le bénéfice introduit ou rétabli par lui.

Le créancier ne pourra poursuivre le fidéjusseur que pour ce qui lui restera dû après discussion des biens du débiteur. Toutefois, comme il importe de ne pas aggraver contre mesure la situation du créancier, celui-ci pourra, en cas d'absence du débiteur, poursuivre directement le fidéjusseur, à qui le juge accordera un délai pour faire comparaître le débiteur : passé ce délai la poursuite suivra son cours et le fidéjusseur devra s'exécuter, s'il n'a pu réussir à amener le débiteur en justice (*Chap. I de la Novelle IV.*)

Justinien s'occupe ensuite de l'ordre à suivre entre les actions personnelles et les actions hypothécaires. Il suppose une dette garantie par une fidéjussion et une hypothèque sur les biens qui sont entre les mains des tiers détenteurs, et il décide, en suivant les distinctions établies dans le chapitre 1er entre les cas d'absence et de présence, que le créancier devra, avant d'intenter l'action réelle contre ces derniers, poursuivre par l'action personnelle les fidéjusseurs; et si par cette action il n'obtient pas le résultat désiré, il poursuivra d'abord les biens hypothèqués par le débiteur et possédés par les tiers détenteurs, venant comme dernière ressources sur les biens hypothèqués par les fidéjusseurs. Ainsi dans le cas qué nous étudions Justinien préfère l'action personnelle à l'action réelle, et, parmi les actions réelles, celle qui frappe les biens du débiteur principal. Si les biens sont entre les mains du débiteur principal, le créancier, peut à son gré intenter l'action réelle, l'action personnelle, ou les deux en même temps. (*Chap. II.*)

Les *argentarii* ne peuvent pas opposer le bénéfice de discussion, mais on peut l'invoquer contre eux (*Chap. III.*)

Il faut remarquer, relativement à ce dernier chapitre qu'il ne tarde pas à devenir lettre morte, les *argentarii* prenant l'habitude d'exiger des fidéjusseurs qu'ils reçoivent de leurs débiteurs une renonciation formelle au bénéfice de discussion.

On leur conteste aussitôt le droit d'exiger une telle renonciation, mais ils obtiennent de l'empereur une décision favorable à leurs intérêts. Justinien décide que l'on peut toujours renoncer à un droit établi en sa faveur : « Non videtur contra le-

» gem esse, propterea quod unicuique integrum est
» his, quæ ipsi a lege data concessa sunt, renun-
» tiare (*Novelle CXXXVI,* C. 1.)

Il nous reste à faire remarquer, avant d'arriver à notre troisième partie, que les fidéjusseurs peuvent invoquer, indépendamment des bénéfices, certaines exceptions qui leur sont propres. Il peut se faire, par exemple, que l'engagement du débiteur principal étant parfaitement valable, celui du fidéjusseur soit entaché de dol, ou de violence. Il est possible encore que le fidéjusseur ait fait avec le créancier un pacte *in personam de non petendo.* Dans les cas que nous venons de citer, le fidéjusseur pourra opposer aux poursuites des créanciers les exceptions « doli mali, quod metus causa, pacti » conventi. » Nous savons qu'une femme ne peut se porter *intercessor.* Si elle a cautionné un débiteur et que le créancier la poursuive, elle invoquera l'exception du S. C. Velleien, qui survit, comme nous l'avons vu, même à la condamnation.

Quant aux exceptions *rei cohærentes* que le fidéjusseur, peut invoquer du chef du débiteur principal, nous allons les étudier dans les modes d'extinction.

TROISIÈME PARTIE

EXTINCTION DE LA FIDÉJUSSION

Nous étudierons successivement dans cette troisième partie :

1º Les modes d'extinction qui opèrent *ipso jure*.

2º Ceux qui opèrent tantôt *ipso jure*, tantôt *exceptionis ope*.

3º Ceux qui opèrent *exceptionis ope*.

Nous verrons ensuite dans un court appendice dans quels cas le fidéjusseur, qui a procuré au débiteur principal sa libération, aura un recours contre lui.

§ 1. *Modes d'extinction opérant ipso jure.*

Paiement. — Quelle que soit la personne qui l'effectue, le paiement éteint toujours l'obligation (Gaius III, § 168). On peut assimiler au paiement la *datio in solutum*, mais en remarquant que dans l'ancien droit romain les Sabiniens seuls auraient considéré comme parfaite cette assimilation. Quant aux Proculiens, ils ne l'auraient pas admise sans réserves : pour eux l'extinction de l'obligation par la *datio in solutum* ne se produisait que *exceptionis ope*.

Acceptilation. — En principe l'acceptilation entraîne la libération de tous les obligés (l. 16 *De accept.*) Elle ne peut être faite qu'à un obligé *verbis*, mais le fidéjusseur étant toujours obligé de cette manière, l'acceptilation qui lui sera faite profitera par voie de conséquence au créancier, alors même que celui-ci serait obligé *re* (l. 13, § 7 *De accept.*). L'acceptilation ne produira pas toujours cette libération générale. Prenons, par exemple, une dette conditionnelle. Il faut que le débiteur principal puisse être libéré au moment de l'accomplissement de la condition pour que l'acceptilation produise un effet à son égard (l. 12 *De accept.*) Or cette libération ne sera pas toujours possible.

Ainsi, par exemple, l'acceptilation faite au fidéjusseur qui est intervenu *pendente conditione*, pour garantir éventuellement le paiement d'un legs, ne profitera pas à l'héritier, dont l'obligation prendra postérieurement naissance par l'évènement de la condition (l. 13, § 8, *De accept.*). Comme le fait très-justement remarquer notre savant maître M. Buf-noir (*De* la condition, p. 336) : « elle éteindra sans doute l'obligation du fidéjusseur qui dérive d'un contrat et dont la formation rétroagit au jour où le fidéjusseur a fait la promesse, mais non celle de l'héritier qui ne préexiste pas à l'évènement de la condition. »

Novation. — La novation éteint aussi la fid jus-

sion en même temps que l'obligation principale.
Il va sans dire que le fidéjusseur peut garantir la
nouvelle obligation à laquelle la novation a donné
naissance, mais le créancier et le débiteur principal ne peuvent, à son insu, et surtout malgré lui,
rattacher à la nouvelle obligation les garanties
qui accompagnaient l'obligation éteinte (l. 60 *h. t.*
l. 4 Code *De fidej.*)

Mutuus dissensus. — Il suffit d'indiquer ce mode
d'extinction qui n'offre en notre matière aucune
particularité intéressante à signaler.

Perte de la chose due. — La perte de la chose due
éteint la fidéjussion lorsqu'elle provient soit d'un
cas fortuit, soit du fait d'un tiers; car, dans ces
hypothèses, l'obligation cesse complètement d'être
à la charge du débiteur principal, et, par voie de
conséquence, à la charge du fidéjusseur. Mais
devons-nous appliquer à celui-ci les règles qui régissent le *factum* et la *mora* des *correi promittendi?*
On sait que la demeure de l'un des *correi* ne nuit
pas aux autres, tandis que son fait retombe sur
eux. Les jurisconsultes sont loin de s'entendre sur
ce point. Neratius Priscus et Julien soumettent
le fidéjusseur à l'action subsidiaire de dol. Si sur
l'ordre du juge le fidéjusseur ne veut pas se remettre dans les liens de l'obligation qu'il a rompus par
son dol, il est condamné à une indemnité fixée sous
serment par le demandeur (l. 19 *De dolo malo.*).
Marcien donne immédiatement au créancier l'action que lui aurait procuré la stipulation interve-

nue sur l'ordre du juge de l'action *de dolo*. C'est au moyen d'une *restitutio in integrum* que le préteur accorde cette action qu'il qualifie d'utile. (l. 35 *De usuris et fruct.*). Enfin Paul et Papinien admettent cette action *ex stipulatu* que Marcien qualifie d'utile, mais en lui retirant cette épithète. Ils considèrent donc que le fidéjusseur reste dans les liens de son obligation primitive. (l. 91, § 4 et 95, § 1, *De verb. oblig.*). On ne saurait chercher sérieusement à concilier les textes que nous venons de citer. Ils témoignent évidemment d'un progrès successif dans la doctrine des jurisconsultes.

§ 2. *Modes d'extinction opérant tantôt ipso jure tantôt exceptionis ope.*

Litiscontestatio. — L'extinction de la dette par la *litiscontestatio* n'a lieu *ipso jure* qu'à trois conditions. Il faut qu'il s'agisse d'une action *in jus*, personnelle, et constituant un *judicium legitimum*. Dans les autres cas, l'extinction a lieu *exceptionis ope*. Gaius, énumérant les divers modes d'extinction des obligations, s'exprime ainsi : « Tollitur ad-» huc obligatio litiscontestatione » (C. III, § 180). Paul dit de son côté : « Electo reo principali, fidejus-» sor vel heres ejus liberatur (Sentences Livre II, » Titre 17, § 16). » Malgré ces textes, la plupart des auteurs ne voient dans la *litiscontestatio* qu'une sorte de novation. Ce n'est pas ici le lieu d'entrer dans l'examen de cette question. Quelle que soit d'ailleurs l'opinion qu'on adopte sur ce point, que l'on fasse de la *litiscontestatio* une sorte de novation ou un mode d'extinction particulier, la chose importe peu au fond, le résultat étant le même dans les deux cas. Le créancier qui a reçu un fidéjusseur peut être considéré comme ayant deux débiteurs sous une alternative. Il peut fixer l'obligation unique qui lui est due par une poursuite exercée contre l'un des obligés. Mais en agissant ainsi il épuise son droit et la libération de l'autre obligé est la conséquence de la poursuite exercée contre le premier. Il ne faut pas étendre trop loin cet effet incontestablement fort peu équitable de la *litiscontestatio*. Ainsi des fidéjusseurs ont cautionné un esclave. Ils ne peuvent se prétendre libérés par cette circonstance que l'action *de peculio* a été intentée contre le maître; ils sont intervenus pour un autre *reus*, dont l'obligation n'est pas la même que celle du maître (l. 84 *De solut.*).

Res judicata. — Nous ne ferons qu'indiquer ce mode d'extinction qui n'offre rien d'intéressant à signaler.

Pacte de non petendo. — Nous ne nous occuperons pas des cas exceptionels où le pacte *de non petendo* opère *ipso jure*. Ils sont au nombre de trois. Nous les indiquerons seulement : Une obligation naturelle (L. 95 § 4 *De solut.*), l'action *injuriarum* et l'action *furti* (L. 17 § 1 *De pactis*) s'éteignent *ipso jure* par l'effet d'un simple pacte *de non petendo;* la fidéjussion qui les garantissait s'éteint alors par voie de conséquence. Généralement l'extinction opère *exceptionis ope.* Supposons que le pacte soit intervenu entre le débiteur et le créancier. Presque toujours le fidéjusseur pourra l'invoquer. (L. 21 § 5 *de pactis.*) Il se peut cependant que l'intention des parties contractantes ait été de l'en empêcher. Le bénéfice que le débiteur retirera d'une semblable convention sera bien peu de chose, car le fidéjusseur recourra contre lui, aussitôt après avoir payé, par l'action *mandati.* L'utilité de pacte se réduira donc à un simple délai accordé indirectement par le créancier. Notons que depuis l'introduction du bénéfice de discussion un pareil pacte ne saurait produire aucun effet. Ce cas exceptionnel mis à part, le fidéjusseur profitera donc du pacte intervenu entre le créancier et le débiteur. Devons-nous aller jusqu'à dire qu'il en sera encore ainsi, si les parties, par un second pacte, postérieur et contraire au premier, ont voulu faire revivre leur engagement primitif? Oui répond dans la loi 62 *De pactis* Furius Anthianus. Non, décide Paul dans la loi 27 *eod. tit.* Nous devons nous borner à constater la différence de vues entre les jurisconsultes sans tenter une conciliation impossible. Disons toutefois que la solution qui nous semble la plus conforme aux principes est celle de la loi 62. Le pacte *ne petatur* donne un droit acquis au fidéjusseur et nous ne croyons pas qu'il soit au pouvoir de personne de lui enlever ce droit malgré lui. Nous avons dit plus haut un mot du pacte *de non petendo* intervenu entre le créancier et le fidéjusseur. Il est certain que le débiteur principal ne pourra pas l'invoquer (L. 25 § 2 *de pactis*), à moins que le fidéjusseur ne soit engagé *in rem suam* (Le 24 eod. tit.)

Transaction. — Nous avons vu plus haut l'extinction de la fidéjussion par acceptilation. Nous venons d'étudier l'effet du pacte *de non petendo.* C'est ici le moment de dire quelques mots de la *transactio* qui a lieu tantôt par l'une, tantôt par l'autre de ces deux voies. Intervient-elle entre le débiteur principal et le créancier, elle libére tous les intéressés, sans qu'il y ait lieu de distinguer par quelle voie elle a été faite. Intervient-elle entre le créancier et et le fidéjusseur, il faut distinguer : faite par acceptilation, elle libère tous les intéressés ; elle ne libère que le fidéjusseur, si elle est le résultat d'un pacte *de non petendo.* Il y aura lieu cependant de tenir compte au débiteur principal de ce qu'aura donné le fidéjusseur au créancier pour obtenir son acquiscement à la transaction. Supposons que le fidéjusseur étant déjà condamné, une transaction intervienne entre le créancier et le débiteur. L'obligation résultant du jugement sera éteinte tant à l'égard du fidéjusseur qu'à l'égard du créancier (L. 7 § 1 *De transact.*) Il en serait autrement si c'était le fidéjusseur qui, après avoir été condamné, transigeât avec le créancier. Cette transaction serait nulle car on ne peut transiger sur une chose jugée ; mais ce qu'aurait donné le fidéjusseur comme prix de la transaction devrait être imputé sur ce que lui demanderait plus tard le créancier par l'action *judicati.*

Serment. — Le créancier défère au débiteur le serment sur la question de savoir s'il doit. Il convient par là qu'il renoncera à sa créance si le serment est prêté. Le débiteur jure qu'il ne doit pas. S'il s'agit d'une obligation civile, le débiteur, actionné ensuite par le créancier, ne pourrait pas dire qu'il n'est plus tenu, mais il se défendrait par une exception ainsi conçue : « Si reus, deferente actore, non jura-« verit se dare non oportere ». Quant au fidéjusseur, il invoquera la même exception. S'agit-il d'une obligation naturelle, le débiteur est libéré *ipso jure* par le serment qu'il a prêté et, par suite, le fidéjusseur l'est également *ipso jure* (l. 95, § 4, *De solut.).* Il est vrai que Pomponius semble dire, d'après Julien, que c'est au moyen d'une exception. Énumérant dans la loi 42 pr. *De jure jur.* les divers objets sur lesquels peut porter le serment, il déclare, suivant les cas, que le fidéjusseur est, ou non, libéré. Or, quand il se prononce pour l'affirmative, il s'exprime ainsi : « fidejussoribus excep-« tionem dari debere existimabimus ». Nous ne croyons pas qu'il faille attacher une grande importance à cette forme de langage. Nous pensons que Julien et Pomponius sont du même avis que Papinien. Ce qui le prouve, c'est que dans la même loi, quelques lignes plus haut, ils s'expriment ainsi ;

« naturalis obligatio hâc pactione tollitur. » Ils ne peuvent admettre qu'en l'absence de toute obligation, même d'une obligation naturelle, le fidéjusseur reste tenu *ipso jure*, et ne soit libéré que *per exceptionem*. Ce serait leur imputer l'oubli d'un principe élémentaire. (M. Pellat. *Textes choisis*, p. 251). Quant au serment prêté par le fidéjusseur, il profitera, ou non, au *reus*, suivant qu'il aura été prêté *in rem* ou *in personam* (l. 42, § 1, *De jurej.*).

§ 3. *Modes d'extinction opérant exceptionis ope.*

Nous réserverons pour la fin, à cause de son importance, l'extinction par confusion. Nous examinerons d'abord quelques modes moins compliqués.

Exception de dol. — Le fidéjusseur peut se prévaloir du dol dont le débiteur principal a été victime. La raison en est bien simple : si on ne lui accordait pas cette exception, il recourrait immédiatement contre le débiteur, qui ne retirerait par conséquent aucun profit de l'exception invoquée par lui.

Exception quod metus causâ. — Nous avons vu que la violence contre le fidéjusseur, tout en viciant son consentement, ne serait pas un obstacle à la validité de la dette principale (l. 14, § 6, *Quod metus causâ*). Si c'est le débiteur principal qui a été l'objet de la violence, le fidéjusseur pourra invoquer l'exception *quod metus*, bien que son engagement personnel ait été librement consenti. La raison de décider ainsi est la même que nous venons de donner pour l'exception de dol. Nous ne croyons pas cependant que la protection accordée au fidéjusseur doive aller jusqu'à lui accorder l'exception, quand il aura librement et sciemment cautionné un engagement pris sous l'influence de la crainte. A défaut de texte qui décide de la question, nous basons notre solution sur celle que donne, dans une hypothèse analogue la loi 95, § 3. *De solut.* Il s'agit d'un fidéjusseur donné par un mineur de 25 ans. Il pourra, ou non, suivant les cas, invoquer une exception si le mineur est restitué *in integrum*. A-t-il voulu garantir la solvabilité du mineur ? Il est libéré. S'est-il engagé en connaissance de cause, sachant que le débiteur cautionné par lui était mineur, et pouvait être restitué *in integrum*, il reste obligé. Nous pensons qu'il y a, entre ce cas et celui que nous étudions, une analogie suffisante pour nous permettre de donner une solution analogue.

Exception du sénatus-consulte Velleien. — Nous savons que l'*intercessio* de la femme est nulle. Faut-il accorder le droit d'invoquer cette nullité au fidéjusseur qui aurait garanti en sous-ordre une telle *intercessio* ? Les jurisconsultes ne sont pas d'accord sur la question, ainsi que nous le prouve la loi 16, § 1. *Ad. S. C. Vel.* Une femme se porte *intercessor* malgré la défense du S. C. ; puis elle fournit un fidéjusseur. Suivant Cassius, il ne faut donner à ce dernier le droit d'invoquer l'exception que s'il s'est engagé sur le mandat de la femme. Dans ce cas, en effet, il importe de mettre celle-ci à l'abri du recours que ne manquerait pas d'exercer contre elle le fidéjusseur, s'il était obligé de payer. Il est singulier, notons-le en passant, que le jurisconsulte ne donne pas la même solution lorsque l'engagement a été contracté par le fidéjusseur, *inscia muliere*. L'action *negotiorum gestorum*, qu'il peut alors intenter fait perdre en effet à la femme le bénéfice du S. C.. Julien, au contraire, se basant sur ce que « totam obligationem senatus improbat » accorde toujours au fidéjusseur le bénéfice de l'exception. Cette décision est la conséquence d'une règle que nous connaissons déjà : il faut qu'il y ait au moins une obligation naturelle pour servir de base à une fidéjussion, et ce n'est que depuis Justinien que l'engagement de la femme; comme *intercessor*, donne naissance à une obligation naturelle (l. 22, Code *Ad S. C. Vel.*). La décision de Julien est plus conforme aux principes que celle de Cassius. Nous pensons donc qu'elle doit être préférée. Il faut remarquer que la loi qui constate cette divergence d'opinions, entre les jurisconsultes prévoit un cas particulier : celui où une femme se porte *expromissor*. Ce qui le prouve, c'est que Julien, après avoir annulé l'obligation de la femme et celle du fidéjusseur qu'elle a donné, fait revivre l'ancienne obligation du débiteur primitif. Mais il est tout naturel de généraliser la solution donnée par Julien, et de l'étendre au cas où la femme, au lieu de se porter *expromissor*, aurait d'abord cautionné la dette du débiteur primitif, et fourni ensuite un certificateur. Nous pensons que la nullité de la sous-fidéjussion est une conséquence nécessaire de la nullité de la fidéjussion principale (l. 38, § 5, *De solut.*).

Exception du Sénatus-consulte Macédonien. — On accorde cette exception au fidéjusseur, du chef du débiteur principal, « in odium ejus cui debetur (l. 40, *Cond. indeb.*); à moins que l'engagement du fidéjusseur n'ait été contracté *animo donandi*, car, dans ce cas, « nullum regressum habet. (l.. 9, § 3, *Ad. S. C. Mac.*).

Legs de libération. — Lorsque le créancier lègue sa libération au débiteur principal, il faut accorder au fidéjusseur le droit de repousser au moyen de l'exception de dol les poursuites que pourrait être tenté d'exercer contre lui l'héritier du créancier. Le motif est ici encore de soustraire le débiteur principal à un recours qui lui ferait perdre le bénéfice du legs. (l. 49 pr. *h. t.*). Il en serait autrement si le testateur avait manifesté une volonté contraire, ou si le fidéjusseur s'était engagé *donandi animo*. (l. 5 *De lib. leg.*). Aussi lorsqu'on se trouvera dans l'un de ces cas le débiteur ne pourra exiger que l'héritier lui fasse une acceptilation, dont le résultat nécessaire serait d'éteindre la dette *erga omnes*; il devra se contenter d'opposer une exception. En dehors de ces deux cas il pourra agir *ex testamento* pour se faire faire acceptilation; mais le fidéjusseur n'aura jamais qu'une exception à ir.voquer. Quant au legs, la libération faite au fidéjusseur, il ne libérerait le débiteur que dans le cas exceptionnel où le fidéjusseur se serait engagé *in rem suam*.

Compensation. — Rien de particulier à dire sur ce mode d'extinction que le fidéjusseur poursuivi peut invoquer pour les dettes du créancier envers le débiteur principal, comme il pourrait le faire pour ses propres créances envers le créancier. (l. 5 *De compens.*).

In integrum restitutio. — Le fidéjusseur doit-il être admis à profiter de l'*in integrum restitutio* accordée au mineur de 25 ans? Ulpien propose la solution que voici ; dans la *cognitio extraordinaria* qui précède la *restitutio*, le préteur examinera s'il doit ou non faire participer le fidéjusseur au bénéfice de cette *restitutio ;* il appréciera la situation réciproque des parties et statuera en conséquence, Lorsqu'il croira devoir refuser tout secours au fidéjusseur, il ne lui donnera pas contre le mineur l'action de mandat qui rendrait illusoire la restitution accordée à ce dernier. C'est ce qui arrivera dans le cas où le fidéjusseur sera intervenu précisément parce que le créancier redoutait les dangers que pourrait lui faire courir la qualité de mineur de son débiteur principal et n'a accepte son engagement qu'à la condition d'être garanti à cet égard (l. 13 *De minor.*).

Il importe de faire une remarque générale, rela-

tivement aux exceptions que nous venons d'examiner et à d'autres moins importantes que nous n'a-
vons pas cru nécessaire de mentionner. Toutes les
fois que le débiteur principal peut invoquer une
exception *rei cohærens*, il y a droit acquis au profit
du fidéjusseur relativement à cette même exception. (l. 32 *h. t.*). Prenons un exemple : une personne a stipulé *sine causâ* de Titius, qui a promis
10 sous d'or, espérant le recevoir, et n'a rien reçu.
Si Titius a donné au fidéjusseur, celui-ci pourra,
même malgré Titius invoquer l'exception *non nu-
meratæ pecuniæ*. Titius ne peut lui dire : payez sans
invoquer l'exception ; vous recourrez ensuite contre
moi par l'action *mandati contraria* (l. 15 pr. *h. t.*).
Quant aux exceptions personnelles au débiteur
principal, il va sans dire que lui seul peut les invoquer. Il faut cependant signaler à cette règle une
exception que voici : Gaius, C. IV. § 86, nous apprend que : « Qui alieno nomine agit, intentionem
» quidem ex personâ domini sumit, condemnatio-
» nem autem in suam personam convertit. » Ceci
posé, supposons que le créancier, pouvant, comme
nous le savons, poursuivre à son choix le débiteur
principal ou le fidéjusseur, choisisse le *reus*, qui est
absent. Le fidéjusseur vient de lui-même prendre
la place du débiteur principal, et lui évite par son
intervention spontanée l'envoi des créanciers en
possession de ses biens. Il jouira dans ce cas du bénéfice de compétence, mesuré sur les facultés du
débiteur principal (l. 63 § 1, *Pro socio*).

Nous arrivons maintenant à l'extinction de la fidéjussion par la confusion.

1° *Confusion des qualités de créancier et de débiteur principal.* — L'obligation sera éteinte pour le tout, si la confusion est absolue; pour partie seulement, si la confusion n'a lieu que pour une partie. Il n'y a pas à s'inquiéter du fait qui a opéré la confusion. Trois cas peuvent se présenter. 1er *cas :* un légataire conditionnel reçoit un fidéjusseur de Titius, qui lui doit 10 *ex testamento.* Titius meurt, laissant pour héritier son créancier conditionnel. La condition du legs venant à se réaliser, le fidéjusseur sera-t-il tenu envers le légataire, devenu héritier de celui qui devait le legs? Non, certainement; car « Nec reus est pro quo debeat, nec res ulla » quæ possit deberi. » (l. 38 § 1, *h. t.*). La confusion a dans l'espèce, empêché l'obligation de naître plutôt qu'elle ne l'a éteinte. — 2e *cas :* Un débiteur laisse en mourant comme héritiers son créancier et son fidéjusseur. Nous les supposons héritiers pour parts égales. Chacun d'eux est tenu de la moitié des dettes qui grèvent la succession. En ce qui concerne la dette que l'un des héritiers avait précédemment garanti à l'autre, il faut la diviser par la pensée en deux parts égales. L'une de ces parts est éteinte par confusion, comme dans l'hypothèse de la loi précédente. L'autre, celle du fidéjusseur, subsiste encore, mais comme obligation du débiteur principal, représenté par le fidéjusseur lui-même (l. 50, *h. t.*). — 3e *cas :* Un fils de famille donne au fidéjusseur, après s'être engagé *sine voluntate patris*. Plus tard son créancier meurt en l'instituant héritier. Il fait addition *jussu patris*. Va-t-on dire que l'hérédité étant censée avoir passé directement sur la tête du père, celui-ci pourra poursuivre le fidéjusseur qu'avait donné son fils. Non, certainement. Avant de passer au père l'hérédité réside un instant de raison sur la tête du fils et cela suffit pour que la confusion s'opère. C'est toujours le même motif : « Quia non » possit debere pro eodem apud eumdem (l. 34 § 8, » De solut.) »

Quand les qualités de débiteur et de créancier se trouvent donc confondues dans la même personne, le créancier ayant succédé au débiteur, ou le débiteur au créancier, ou un tiers à l'un et à l'autre, cette confusion libère le fidéjusseur comme le ferait un paiement ; *veluti solutionis jure sublata obligatione*, nous dit Paul dans la loi 71 pr. *h. t.* Mais cette comparaison entre la confusion et ie paiement, assez exacte quand il n'y a qu'un débiteur principal, cesse de l'être quand il y en a plusieurs. Paul ajoute dans le même texte une autre raison, c'est que nul ne peut être obligé, à titre de fidéjusseur, pour une personne envers cette même personne. Le résultat signalé plus haut va de soi quand il n'y a qu'un *reus*. Mais si l'on suppose qu'il y a plusieurs *correi* et un fidéjusseur qui est intervenu pour tous, il se produit des complications prévues par la loi que nous venons de citer, sous le nom de Granius Antonius. Dans cette loi le jurisconsulte raisonne dans l'hypothèse d'un *mandatum credendæ pecuniæ*, mais son application à la fidéjussion n'est pas douteuse. Voici l'espèce : Primus et Secundus sont tenus d'une obligation corréale à laquelle Titius accède en qualité de fidéjusseur ou de *mandator* ; il se trouve que le créancier devient l'unique héritier de Primus, ou bien que le débiteur Primus devient l'unique héritier du créancier, ou bien encore, et c'est là l'hypothèse de la loi 71, que le fisc succède au créancier et au débiteur Primus.

L'espèce ainsi posée, que décider d'abord quand aux *correi*. Est-ce seulement Primus qui est libéré, ou bien Secundus l'est-il aussi comme s'il y avait eu paiement ? Le jurisconsulte décide que la confusion retire de l'obligation la personne seule dont les droits viennent se confondre avec ceux du créancier. Secundus y reste donc soumis. On ne peut plus ici, comparer l'effet de la confusion à celui du paiement. Comme l'a dit un des commentateurs les plus autorisés de la loi que nous étudions, l'obligation corréale est une *objectivement*, mais multiple *subjectivement* ; le confusion portant sur la personne qu'elle supprime, laisse subsister l'obligation pour les autres (M. Pellat, Textes choisis, p. 182.) Secundus reste donc soumis à l'obligation. Mais le créancier peut-il utilement s'attaquer à lui ? Il faut distinguer : s'il n'y avait pas société entre Primus et Secundus, il peut poursuivre ce dernier pour le tout ; mais si les débiteurs étaient associés, Secundus pourrait dire au créancier qui l'attaque :

« Vous réunissez deux qualités, celle de créancier et celle de débiteur; si la *condictio* que vous intentez en votre qualité de créancier m'obligeait à vous payer la totalité de la dette, je pourrais immédiatement vous poursuivre en votre qualité de codébiteur par l'action *pro socio*, et vous forcer de me rembourser la moitié. Ainsi je vous oppose l'exception de dol pour obtenir la compensation de cette moitié et faire réduire à l'autre moitié la somme au paiement de laquelle je puis être condamné envers vous. »

Arrivons maintenant au débiteur accessoire, au fidéjusseur. Ce dernier, en tant que fidéjusseur de Primus, est libéré, attendu qu'il ne peut être tenu pour la même personne envers la même personne ; mais en sa qualité de fidéjusseur de Secundus qui reste débiteur, il reste dans les liens de l'obligation.

Sera-t-il contraint de payer le créancier ? Non, car si Titius pouvait être contraint de payer le créancier, il aurait à l'instant le droit de recourir *in solidum* contre lui. Il lui dirait: « Vous avez succédé à l'obligation que Primus avait contractée envers moi en me donnant mandat de le cautionner. » Titius est donc à l'abri de toute poursuite ; il pourra opposer l'exception du dol en invoquant la maxime : *Dolum facit qui petit quod statim redditurus est* (L. 8 *pr. De doli mali et met. excep.*) Il obtiendra ainsi la compensation et partant l'absolution de la poursuite.

2º *Confusion des qualités de créancier et de fidé-*

jusseur. — Supposons que le créancier institue pour héritier le fidéjusseur. La dette n'en subsistera pas moins à l'égard du débiteur principal, qui devra le payer au fidéjusseur, devenu son créancier par suite de la confusion qui s'est opérée entre lui et le stipulant primitif. Mais le fait même que le débiteur principal reste engagé ne permet pas de supposer que le fidéjusseur s'est payé lui-même. On ne peut par conséquent lui donner l'action *mandati.* Il devra employer l'action *ex stipulatu.* Il est vrai qu'Africain, tout en donnant cette solution (L. 21 § 5 *h. t.)* semble ne pas vouloir l'imposer. *Potius est,* dit-il. Mais nous ne devons pas nous arrêter à ce mot, étant donnée l'affirmation très-nette du même juris-consulte dans ce § 3 de la même loi : *omnimodo fidejussoris obligationem peremit.* Le fidéjusseur aurait cependant l'action *mandati* dans une hypo-thèse qu'il est bon de rappeler ici, pour faire voir la différence qui la sépare de celle que prévoit la loi 21 *h. t.* Un créancier a poursuivi le fidéjusseur que lui avait donné son débiteur. Ce dernier est donc libéré. Le fidéjusseur devient l'héritier de son créancier : il pourra poursuivre le débiteur par l'ac-tion *mandati,* mais si on lui donne cette action il ne faut pas perdre de vue que par contre il n'a plus l'action *ex stipulatu.* (L. 11 *Mandati.*)

3° *Confusion des qualités de débiteur principal et de fidéjusseur.* — Le résultat produit par la confu-sion est le même, quel que soit celui des obligés qui succède à l'autre ; l'obligation accessoire est absorbée par l'obligation principale (Loi 5, *h. t.*). Il en serait de même si un tiers succédait aux deux obligés en qualité d'héritier. Il faut mentionner cependant une opinion contraire aux principes que nous venons de poser. Elle est de Proculus. Malheureusement Scævola, qui le mentionne dans le § 3 de la loi 93 *De solut.* ne nous dit pas quelles sont les raisons invoquées à l'appui de cette doctrine par le jurisconsulte qui lui prête son autorité. Proculus pense que lorsque le débiteur hérite du fidéjusseur, la confusion n'a pas lieu, et les deux obligations coexistent dans la personne de l'héritier. Il est difficile de comprendre pourquoi Proculus abandonne sur ce point les principes généraux de la matière. Voici toutefois une explication qui paraît assez vraisemblable : « Peut-être Proculus pensait-il que l'obligation qui doit disparaître quand il y a confusion, c'est celle de l'héritier et non celle du défunt, et, comme ici il ne pouvait admettre que l'obligation du fidéjusseur survécût, celle du débiteur principal s'éteignant, il les laissait subsister toutes deux. (M. Pellat, *Textes choisis*, p. 228).

Il convient de signaler une exception à la règle générale d'après laquelle le fidéjusseur succédant au débiteur principal est libéré de l'obligation fidéjussoire, et reste seulement tenu de l'obligation principale. Soit une obligation principale naturelle. Le fidéjusseur, obligé civilement, succède au débiteur : il reste obligé comme fidéjusseur, sans quoi le créancier perdrait son action, ce qui serait une injustice

flagrante. Pour justifier cette décision il faut corriger le texte de la loi 95, § 3 *De solut.*, qui est ainsi
conçu : « Nam si reus duntaxat fuit obligatus, fide-
» jussor liberabitur », de la manière suivante: « Nam
» si reus *natura* duntaxat fuit obligatus, fidejussor
» *non* liberabitur. » Cette correction, indispensable
puisque le texte tel qu'il est ne présente aucun sens,
est proposée par Cujas, (*Comment. in quæst. Papin.
ad. h. l.*, t. IV, p. 163), qui s'appuie sur le texte
correspondant des *Basiliques*, qui porte : Εἰ γὰρ ὁ
ἐναχόμενος φύσει μόνον ἠνείχτο, οὐκ ἀπόλλυται (ἡ ἐγγύη). car si le
débiteur n'était obligé que naturellement, la fidéjussion n'est pas éteinte. Nous avons déjà vu la
loi 21, § 2, *h. t.* Elle va nous fournir une espèce bien
propre à faire comprendre l'exception que nous venons de signaler : un esclave s'est engagé et a donné
un fidéjusseur. L'obligation de l'esclave est naturelle ; celle du fidéjusseur est civile. L'esclave est
affranchi. Tout en restant naturelle, son obligation
devient susceptible de produire certains effets. Le
fidéjusseur meurt, laissant comme héritier l'esclave
affranchi. Faut-il dire que l'obligation du fidéjusseur est éteinte par confusion. Non, dit Africain ;
« et tamen nihilominus naturalem obligationem
» mansuram. » L'utilité du maintien de l'obligation du fidéjusseur est évidente : le créancier
conserve son obligation civile. Quant aux avantages qu'offre la conservation de l'obligation naturelle, ils sont moins importants. On peut cependant
dant prévoir certains cas où l'extinction de l'obli-

gation civile venant à se produire, le créancier sera bien aise d'avoir une obligation naturelle qui aura du moins pour résultat d'empêcher la répétition d'un paiement effectué par le débiteur. Par exemple, le créancier a perdu son action civile par une *plus petitio;* ou bien il y a eu péremption d'instance, ou bien encore le fidéjusseur n'était engagé que *ad tempus.* En terminant, Africain fait remarquer que la solution devrait être la même en admettant l'hypothèse inverse, c'est-à-dire en supposant que c'est le fidéjusseur qui succède au débiteur principal.

Après avoir constaté cette restriction apportée dans un cas particulier au principe général de l'extinction par confusion, revenons à ce principe pour en tirer quelques conséquences importantes.

Remarquons tout d'abord que les exceptions dont jouissait le fidéjusseur ne pourront plus être invoquées une fois la confusion opérée. (Loi 14 *h. t.*). Nous ne pouvons pas examiner ici la controverse qui s'élève entre les interprètes pour savoir si la confusion opère *ipso jure* ou *exceptionis ope.* Sans vouloir entrer dans le fond de la discussion, il nous semble que la loi 14 offre un argument des plus sérieux aux partisans de l'opinion qui refuse à la confusion le pouvoir d'opérer l'extinction *ipso jure.* S'il en était ainsi, en effet, le créancier n'aurait pas besoin d'une réplique *in factum* ou *doli mali,* l'exception qui lui est opposée devant être regardée comme dépourvue de tout fondement.

Il faut mentionner ici une loi (38, § 5 *De Solut.*)

d'Africain qui donne, on ne sait trop pourquoi, des solutions différentes dans deux hypothèses qui sembleraient devoir être résolues de la même manière. Un débiteur a fourni un fidéjusseur, qui a lui-même fourni un gage. Le fidéjusseur institue le débiteur pour héritier : la confusion s'opère, mais le gage subsiste. Si, au contraire, au lieu d'un gage, le fidéjusseur avait fourni un certificateur, celui-ci aurait été libéré en même temps qu'aurait eu lieu sur la même tête la réunion des deux qualités de débiteur principal et de fidéjusseur. Tout en donnant ces solutions différentes, Africain nous montre bien que son opinion n'est pas, quant au certificateur, universellement admise, car il s'exprime ainsi : *rectius existimari*. En tous cas, il nous paraît bien difficile d'expliquer une pareille distinction.

D'ailleurs la jurisprudence romaine évite les inconvénients qui résulteraient de la confusion et y remédie au moyen de la séparation de biens : un fidéjusseur meurt laissant pour héritier le débiteur qu'il a cautionné et qui est insolvable. La confusion va-t-elle éteindre l'obligation fidéjussoire? Non, répond Papinien ; le créancier demandera la séparation des patrimoines et se verra affecter les biens du *De cujus*, à l'exclusion des créanciers de l'héritier. Ce qui, dans la pensée du jurisconsulte, ne l'empêchera pas d'ailleurs de concourir avec les créanciers de ce dernier: comme si le fidéjusseur vivait encore.

4° Juxtaposition en une même personne de deux

qualités semblables. — On peut dire d'une manière générale que les deux qualités subsistent : *Placet non confundi* (l. 93 pr. *De solut.*). *Duas species obligationis sustinebit* (l. 5 t. 8.). Ainsi supposons deux fidéjusseurs, Primus et Secundus, qui ont cautionné la même dette. Primus pouvait invoquer certaines exceptions que Secundus n'aurait pu opposer. Si l'un d'eux succède à l'autre, il ne pourra opposer les exceptions en question que s'il est poursuivi au nom de celui qui pouvait les invoquer avant la réunion des deux qualités sur une même tête. Si l'un des deux a fourni un certificateur, celui-ci reste tenu, quel que soit celui des deux fidéjusseurs qui a hérité de l'autre (L. 21 § 1, *h. t.* 8.) Supposons que de deux *correi promittendi*, l'un a donné un fidéjusseur : si leurs obligations viennent se réunir sur la tête de l'un d'eux, le fidéjusseur donné sera tenu, quel que soit celui qui aura succédé à l'autre. De même pour deux *rei stipulandi*, dont l'un devient héritier de l'autre. Le fidéjusseur qui avait cautionné la dette de l'un des deux restera tenu, quel que soit celui des deux *rei* qui a succédé à l'autre.

APPENDICE

RECOURS DU FIDÉJUSSEUR

Maintenant que nous avons vu les modes d'extinction de la fidéjussion, il nous reste à examiner dans quels cas et par quelles actions le fidéjusseur qui a procuré au débiteur sa libération aura un recours contre lui.

Le plus souvent le fidéjusseur pourra employer l'action *mandati*, soit contre le *reus*, soit contre un tiers, suivant qu'il aura reçu de l'un ou de l'autre mandat de se porter caution (Inst. § 6 *De fidej.* Gaius C. III § 127.) S'il est intervenu sans avoir reçu aucun mandat, mais dans l'intention de faire l'affaire d'autrui, il aura l'action *negotiorum gestorum contraria* (l. 20 § 1 *Mandati*). S'il est intervenu pour garantir un prêt fait à son mandataire, ou, d'une manière plus générale, s'il est obligé *in rem suam*, il n'aura aucun recours à exercer, car il est le véritable intéressé à l'extinction de la dette et il a fait sa propre affaire en payant le créancier. Il en est de même s'il est intervenu *animo donandi*. (L 5, pr. *De lib. legat.* l. 9 § 3 *De S. C. Maced.*)

Ce qui précède n'offre aucune difficulté, et nous ne trouvons dans les jurisconsultes aucune divergence dans la manière de résoudre les différentes espèces que nous venons de passer en revue. Il en est tout autrement quand il s'agit du fidéjusseur qui est intervenu malgré le débiteur principal. Quelques jurisconsultes lui accordent une *actio utilis negotiorum gestorum* ; Pomponius et Paul lui refusent toute espèce de recours (l. 40 *Mandati*). C'est à l'avis de ces derniers que se range Justinien, et la loi 24 Code *De neg. gest.* décide que l'homme qui vous a défendu de vous mêler de ses affaires ne peut être tenu envers vous si vous contrevenez à sa défense.

Laissons ces cas exceptionnels et demandons-nous à quelles conditions le fidéjusseur pourra exercer son recours. Il faut qu'il ait payé pour le *reus* (Gaius III § 127). Ce paiement doit avoir été utile; on ne tiendrait nul compte de celui qui serait fait à un *falsus procurator*, (l. 26 § 5 *Mandati*.) Si les deniers donnés en paiement n'appartiennent pas au fidéjusseur, leur consommation par l'*accipiens* vαliderait cependant le paiement et permettrait au fidéjusseur d'exercer son recours (L. 94 § 2 *De solut.*). Nous assimilerons au paiement tout fait du fidéjusseur ayant, moyennant un sacrifice de sa part, procuré la libération du débiteur principal : par exemple, le fidéjusseur a délégué au créancier son propre débiteur (l. 26 § 2 *Mandati*). Ou bien un tiers, voulant faire une libéralité au fidéjusseur, libère son propre débiteur qui se trouve être créancier du fidéjusseur, à condition que celui-ci sera libéré à son tour. Par suite de cette double libération le *reus*, lui aussi, se trouve libéré, mais il doit indemniser le fidéjusseur, car c'est à ce dernier et non à lui que s'adressait la libéralité (l. 26 § 3, *Mandati.*)

Que décider dans le cas où le fidéjusseur a payé, pouvant opposer une exception qui lui eût permis d'échapper à une condamnation? Il faut établir une double distinction. Supposons d'abord une exception perpétuelle. Le fidéjusseur l'ignorait-il? Il conserve la faculté de recourir contre le débiteur principal. L'a-t-il connue? Il ne peut prétendre à l'action de mandat (l. 29 pr. *Mandati*). En vain dira-t-on que le fidéjusseur a pu éprouver des scrupules et croire que l'honneur de l'emprunteur était intéressé à ce que ses engagements fûssent tenus. Ce n'était pas à lui à se faire juge de cette question. Il pouvait facilement dégager sa responsabilité. En ne le faisant pas il a commis une faute dont il doit supporter les conséquences. Il est cependant certaines exceptions que le fidéjusseur peut négliger d'invoquer, bien qu'elles soient perpétuelles, sans qu'on doive lui refuser un recours contre le débi-teur principal. Telle est l'exécution *procuratoria*, à côté de laquelle les termes de la loi 29 § 4 *Mandati* supposent qu'il en existe d'autres ayant le même caractère, que le fidéjusseur a pu loyalement dédaigner sans se rendre coupable de fraude.

Si l'exception négligée par le fidéjusseur est née *ex personâ suâ*, il faut également distinguer suivant que le débiteur principal aurait pu l'invoquer (par exemple : un pacte *de non petendo in rem*), ou non (par exemple : le bénéfice de compétence). Dans le premier cas il n'aura pas de recours. Il en aurait un dans le second cas. Mais supposons qu'ayant invoqué une exception qui devait le protéger, il ait eu à faire à un juge qui ait injustement refusé d'en tenir compte. C'est sur lui, et non sur le débiteur principal que retombera le poids de l'injustice (L. 67 *h. t.*). Nous ne nous arrêterons pas aux derniers mots de cette loi, qui semblent restreindre la décision que nous venons d'indiquer au cas où le fidéjusseur a par sa faute provoqué l'injustice du juge. La loi 51 *De eviction.* n'établit pas cette distinction.

Il faut que le paiement effectué par le fidéjusseur ait été utile au débiteur. Si ce dernier paie une seconde fois par suite de la négligence du fidéjusseur, qui ne l'a pas averti d'un paiement fait par lui, il sera à l'abri de tout recours. Il devra seulement céder au fidéjusseur la *condictio indebiti* qu'il a contre le créancier (l. 29 § 3, *Mandati*). Par contre si c'est le débiteur principal qui, ayant payé le premier, a négligé d'en prévenir le fidéjusseur, celui-ci, payant une seconde fois aura certainement l'action *Mandati*, car il n'a rien à se reprocher. (L. 29, § 2, *Mandati*).

Il n'est pas nécessaire que le fidéjusseur ait payé pour qu'il puisse exercer son recours. Il suffit qu'il ait été condamné (l. 45 *h. t.*). Il n'est même pas toujours nécessaire qu'une condamnation soit intervenue. Le fidéjusseur peut recourir même avant d'avoir été poursuivi : lorsque les parties ont fait au moment du contrat une convention formelle dans ce sens; lorsque le débiteur principal dilapide ses biens (l. 10, Code, *Mandati*); enfin lorsque le débiteur restant trop longtemps sans payer, le fidéjusseur dépourvu de ressources, est hors d'état de s'assurer un recours efficace en commençant par désintéresser lui-même son créancier, (ce qui lui permettrait d'agir ensuite contre le débiteur). Cette dernière disposition est contenue dans la loi 38 § 1, *Mandati*.

DROIT FRANÇAIS

DES EFFETS DU CAUTIONNEMENT

Nous n'étudierons pas en droit français, commé nous venons de le faire en droit romain, toute la matière du cautionnement. Nous nous bornerons à en examiner les effets.

Il serait difficile d'imaginer un ordre plus simple et plus naturel que celui du Code civil. Nous l'adopterons sans y rien changer. Notre étude se composera donc de trois parties.

1º Effets du cautionnement entre la caution et le créancier.

2º Effets du cautionnement entre le débiteur principal et la caution.

3º Effets du cautionnement entre les cofidéjusseurs.

Nous étudierons dans un court appendice les effets de l'aval.

PREMIÈRE PARTIE

EFFETS DU CAUTIONNEMENT ENTRE LES CAUTIONS ET LE CRÉANCIER

En exigeant que l'obligation dont son débiteur est tenu envers lui soit garantie par un engagement accessoire, le créancier n'a pas pour but unique de diminuer les chances de perte que pourra lui faire courir l'insolvabilité éventuelle du principal obligé. Il veut aussi s'assurer un plus facile recouvrement de sa créance, dans le cas où son débiteur, quoique parfaitement solvable, serait ou trop difficile à atteindre ou trop long à s'exécuter. Aussi l'obligation de la caution est-elle pure et simple, bien qu'accessoire. Dès que l'échéance arrive, la caution est sous le coup des poursuites du créancier, qui peut s'adresser à elle, s'il le veut. Faut-il du moins qu'avant de s'adresser à elle le créancier ait mis en demeure le débiteur principal? Quelques auteurs l'ont prétendu en s'appuyant sur les premiers mots de l'art. 2021 : « la caution n'est obligée envers le cré- » ancier à le payer qu'à défaut du débiteur. » Suivant eux la caution pourrait provoquer la nullité de l'action dirigée contre elle, si cette action n'a pas été précédée d'une sommation adressée au débiteur principal, à moins que l'on ne se trouve dans l'un des cas où la mise en demeure du débiteur à lieu de plein droit.

Cette opinion ne nous paraît pas admissible. Remarquons d'abord que ses partisans manquent de conséquence en admettant que, dans les cas où la mise en demeure du débiteur a lieu de plein droit, le créancier peut poursuivre la caution sans adresser préalablement une sommation au débiteur. Il est évident que, même en pareille circonstance, le créancier ne justifie en aucune manière de l'exécution de l'obligation principale. L'erreur de ces auteurs provient de ce qu'ils ne considèrent que les premiers mots de l'art. 2021, au lieu de le prendre en son entier, comme ils devraient le faire. La fin de l'art. : « qui doit être préalablement discuté » dans ses biens, » nous montre clairement la pensée du législateur. Il a voulu insister sur le caractère subsidiaire du cautionnement, qui ne doit devenir une charge pour celui qui l'a fourni que dans le cas où le débitreur principal ne paierait pas lui même. Il faudrait, pour admettre l'opinion que nous repoussons, se trouver en présence d'un texte précis et non d'un membre de phrase qu'on est obligé de séparer du reste de l'article pour arriver à en dénaturer le sens. Aussi la plupart des auteurs sont-ils d'accord avec la jurisprudence pour admettre que la caution, directement tenue, peut être directement poursuivie (arrêt de la Cour de Bordeaux du 18 août 1841.) Toutefois une importante restriction est apportée à ce principe par le bénéfice de discussion que nous allons étudier.

SECTION PREMIERE

BÉNÉFICE DE DISCUSSION

Nous n'avons pas à revenir sur l'introduction de ce bénéfice dans la législation romaine par l'empereur Justinien. Notre ancienne pratique l'emprunta aux novelles en même temps que la faculté d'y renoncer. Aussi fut-il en fait à peu près abandonné par l'usage constant de la renonciation qui devient de style dans les actes notariés. Beaumanoir n'en fait pas mention. Lorsque l'on procéda à la réforme de la coutume de Bourgogne, on l'abolit expressément : « le créancier peut poursuivre son » principal obligé, ou son pleige pour tout son » debte, lequel qu'il veut choisir. (article 3 du » titre 5.) » Cette supression expresse n'eut cependant pas lieu dans les autres coutumes, qui se contentèrent de subordonner le bénéfice à certaines conditions qui ont en partie passé dans notre législation actuelle, comme nous aurons occasion de le voir. Nous savons déjà, par l'étude que nous en avons faite en droit romain, en quoi consiste ce bénéfice : la caution, poursuivie par le créancier, peut exiger de lui, sous certaines conditions, qu'il s'adresse d'abord au débiteur principal, lorsque celui-ci se trouve dans une situation telle que le recouvrement, au moins partiel, de la créance, ne doive pas souffrir de difficultés sérieuses,

§ 1. *Quelles cautions peuvent invoquer le bénéfice.*

Toute caution peut, en principe, renvoyer le créancier à discuter préalablement les biens du débiteur principal. Nous allons passer en revue les cas où, par exception, le bénéfice de discussion est refusé à telle ou telle caution. Nous verrons d'abord les cas sur lesquels tous les auteurs sont d'accord. Nous examinerons ensuite ceux qui ont donné lieu à des controverses.

Signalons en passant un cas qui ne se rencontre plus de nos jours et que nous trouvons dans Pothier (nᵒ 408) : dans l'ancienne jurisprudence les cautions garantissant les fermes du roi n'étaient pas admises à invoquer le bénéfice de discussion. On justifiait cette dérogation au droit commun en disant que le plus souvent ces cautions étaient secrètement associées au fermier débiteur principal. Nous avons rencontré en droit romain un autre cas que Pothier (nᵒ 409) nous signale comme déjà disparu au temps de Loisel. Nous voulons parler du cas où le débieur principal est absent. Il ne peut plus être question de cette exception dans notre ancienne jurisprudence, qui attribue aux assignations faites à domicile les mêmes effets que si elles avaient été faites à la personne même.

Plaçons-nous sous l'empire du Code :

1ᵒ La caution judiciaire ne peut opposer le bénéfice de discussion, nous dit l'art, 2042, qui ne fait d'ailleurs que reproduire l'opinion de Pothier (n° 409).

2° Lorsque l'insolvabilité du débiteur principal est avérée, la caution, ne pouvant remplir l'une des conditions exigées par l'art. 2023, que nous étudierons tout à l'heure, se trouve par là même empêchée de faire valoir le bénéfice.

3° Lorsque la caution a succédé au débiteur principal, poursuivie dès lors non plus comme caution, mais en qualité d'héritier, elle se trouve au lieu et place du principal obligé, ce qui exclut toute idée de bénéfice.

4° On refuse également le bénéfice à la caution d'un vendeur qui, ayant intenté contre l'acquéreur une action en revendication, se voit opposer la règle « quem de evictione tenet actio, eumdem agentem » repellit exceptio. » Ce cas demande à être éclairci par une espèce. Paul vend une maison à Pierre et lui donne Jean comme caution. Plus tard Jean, prétendant que la maison lui appartient, intente une action en revendication contre Pierre, qui lui oppose la règle *quem de evictione*, etc. Jean peut-il opposer à cette exception le bénéfice de discussion, sous forme de réplique, comme on dirait en droit romain ? Non, certainement, car on ne peut invoquer le bénéfice que lorsque le débiteur principal peut acquitter la dette, et dans l'espèce ce n'est pas le vendeur, c'est la caution seule qui peut satisfaire à l'obligation. Elle seule, en effet, peut faire cesser l'action intentée contre l'acquéreur en abandonnant cette action. Pothier, dans son Traité de la vente (n° 177) admettait déjà cette exception à la règle générale et tous les auteurs modernes sont du même avis. Il est vrai que le débiteur principal pourrait payer des dommages et intérêts, mais l'obligation de garantie ne peut être convertie en une dette de somme d'argent, tant que l'un des obligés peut fournir ou laisser à l'acheteur la propriété paisible et non contestée de la chose, en faisant cesser les actions en revendication intentées contre lui.

5° La caution se voit encore refuser le bénéfice de discussion lorsqu'elle y a renoncé. Nous avons eu l'occasion de signaler la fréquence de ces renonciations, devenues de style dans l'ancien droit. Frappés de cet inconvénient, les jurisconsultes de l'époque auraient voulu qu'on n'eut pas égard aux renonciations « des femmes, des personnes rus-
» tiques, et autres peu versées dans la connaissance
» des lois, et ignorant presque toujours l'existence
» des dispositions protectrices auxquelles on les
» fait renoncer. » (Coquille. Inst. au droit français. T. de contrats). Ils auraient voulu qu'on n'attachât aucune valeur aux clauses de renonciation toutes les fois que les notaires n'auraient pas attesté, dans l'acte, qu'ils avaient renseigné les parties sur la nature et l'étendue de leurs droits. De nos jours les renonciations sont tout aussi fréquentes, de telle sorte qu'en pratique le bénéfice de discussion

est d'un usage assez rare. La renonciation peut intervenir, soit au moment même du contrat de cautionnement, soit plus tard. Elle peut être expresse ou tacite. Mais dans ce dernier cas il faut que les termes employés par la caution ne laissent aucun doute sur sa volonté. Ainsi n'attacherait-on aucune importance à des expressions vagues et indéterminées telles que : *promettant, s'obligeant et renonçant;* ou *avec les soumissions et renonciations requises;* et autres semblables qu'il serait oiseux de citer ici.

Mais il en est d'autres sur le sens desquelles il peut s'élever des doutes. Ainsi la caution a déclaré *s'obliger comme débiteur principal.* Le Parlement de Paris considérait ces expressions comme insuffisantes pour entraîner la renonciation. Celui de Normandie était d'un avis contraire. Pothier lui donne son approbation (n° 409), et en nous rangeant à son opinion nous ne faisons qu'obéir à la sage prescription du Code, qui nous dit que lorsqu'une clause est susceptible de deux sens, on doit plutôt l'entendre dans celui avec lequel elle peut avoir quelque effet que dans le sens avec lequel elle n'en pourrait produire aucun (art. 1157). Or si la caution qui s'est obligée comme débiteur principal jouissait du bénéfice de discussion, la clause insérée serait complétement inutile et n'ajouterait rien à la force de son engagement. Nous devons cependant reconnaître que la jurisprudence nous est plutôt contraire. Ainsi par un arrêt en date du 16 mai 1852, la Cour de cassation est allé jusqu'à décider que celui qui en se portant caution déclare faire de la dette sa propre affaire, comme s'il était seul débiteur et principal obligé, peut n'être pas considéré comme débiteur principal et comme ayant renoncé aux droits et exceptions appartenant à la caution.

6° L'art. 2021 place sur la même ligne que la renonciation le cas où la caution se serait obligée solidairement avec le débiteur. Dans ce cas l'effet de son engagement se règle par les principes qui ont été établis pour les dettes solidaires, principes absolument exclusifs du bénéfice de discussion. Il faut cependant remarquer que la situation des cautions solidaires ne se confond pas absolument avec celle des débiteurs solidaires. Nous pouvons citer deux différences qui, au moins à notre avis, les séparent : 1° Bien que la compensation opère de plein droit, nous savons qu'un codébiteur solidaire ne peut invoquer la compensation qui s'est opérée entre le créancier et son codébiteur, à moins, bien entendu, que ce dernier ne l'ait déjà invoquée. Cette décision, formellement écrite dans l'art. 1294 constitue une disposition d'exception qui ne saurait être étendue aux cautions solidaires. — 2° La déchéance que l'art. 2037 fait encourir au créancier, et qui rend inutile le recours de la caution, s'applique aux cautions solidaires. On ne saurait l'étendre aux débiteurs solidaires et permettre à ces derniers d'en réclamer le bénéfice.

Les cas que nous venons de citer sont admis par

tous les auteurs. Voyons maintenant ceux qui ont donné lieu à des controverses :

1° Le bénéfice de discussion doit-il être admis en matière commerciale ? Mettons d'abord de côté une espèce qui ne fait de doute pour personne. Un non-commerçant a cautionné un commerçant dans la forme ordinaire. Poursuivi par le créancier de ce dernier, il peut bien certainement lui opposer le bénéfice de discussion. Mais voici l'hypothèse sur laquelle il y a désaccord : un commerçant a cautionné un autre commerçant et se voit poursuivi par le créancier de celui-ci. Nous ne croyons pas qu'il y ait lieu de lui refuser l'application du droit commun. Aucun article du Code civil ou du Code de commerce ne nous autorise à lui enlever le droit d'invoquer le bénéfice. Voyons cependant les arguments qu'invoquent à l'appui de leur opinion ceux qui veulent le lui refuser. Nous ne parlerons pas d'un premier argument qui consiste à dire que le cautionnement étant souvent payé en matière commerciale, il ne convient pas d'accorder à la caution un bénéfice introduit en faveur de ceux qui se chargent généreureusement de la dette d'autrui. Si cette raison était juste, il faudrait en tirer cette conséquence que l'on devrait refuser le bénéfice de discussion à la caution civile qui reçoit un salaire en échange du service qu'elle rend, ce que personne n'oserait prétendre.

Une objection plus sérieuse consiste à invoquer l'art. 142 du Code de commerce, d'après lequel les donneurs d'aval , c'est-à-dire les cautions d'une lettre de change, sont tenus solidairement et par les mêmes voies que les tireurs et endosseurs, sauf les conventions différentes des parties, du paiement de la lettre de change. Nous ne croyons pas que cet article doive être étendu en dehors de l'aval. Ce genre de cautionnement n'est pas un cautionnement ordinaire, mais, comme on l'a fait observer justement, un engagement solidaire, lequel d'après le texte même de l'article 2021 est exclusif du bénéfice de discussion.

« Mais, disent nos adversaires, vous ne prenez pas garde qu'en accordant le bénéfice de discussion à la caution en matière commerciale; vous entraverez la marche des affaires qui doivent arriver promptement à conclusion. Faudra-t-il aller chercher un débiteur au delà des mers? » Certes, nous ne nions pas la valeur que pourrait avoir, au point de vue législatif, un pareil argument, présenté dans une assemblée en train d'élaborer une loi sur la matière. Mais il ne s'agit pas ici de savoir si le Code devrait contenir telle ou telle disposition. Nous devons voir seulement s'il la renferme, étant donnée sa rédaction actuelle, et nous croyons avoir démontré le contraire. La Cour de cassation a implicitement tranché la question dans notre sens par un arrêt du 4 mars 1851, qui décide que « celui qui en mettant son aval sur un effet de commerce n'a entendu s'obliger que comme certificateur de la caution du débiteur principal à cet effet peut opposer aux poursuites dirigées contre lui, l'exception de discussion de la caution qu'il a certifiée.»

M. Troplong propose une autre exception, admise par quelques jurisconsultes dans notre ancien droit. Voici dans quelle hypothèse. Le créancier est débiteur de la caution. Celle-ci le poursuit. Peut-il lui opposer la compensation? Oui, dit-on, et voilà un nouveau cas à ajouter à ceux dans lesquels le bénéfice de discussion est refusé à la caution, qui se trouve ainsi avoir acquitté malgré elle, avec sa propre créance, l'obligation du débiteur principal. Nous ne croyons pas que cette solution soit admissible. La compensation est, il est vrai, une chose juste et utile en principe. Mais il faut se rendre compte qu'elle est exorbitante du droit commun en ce qui concerne l'obligation qui est ainsi imposée au créancier de recevoir un paiement partiel. Par conséquent, il faut en restreindre l'application aux termes de l'art. 1291 qui déclare que les sommes entre lesquelles doit s'établir la compensation « doivent être également liquides et exigibles. » Or la dette de la caution, envers le créancier ne saurait être considérée comme exigible, puisque la caution, si elle avait été poursuivie, aurait pu requérir la discussion préalable du débiteur principal. Qu'on réfléchisse d'ailleurs aux conséquences possibles du système opposé au nôtre. Il arrivera souvent que la créance de la caution aura pris naissance postérieurement au cautionnement, par suite d'un fait indépendant de sa volonté. Elle va donc perdre le bénéfice de discussion. Nos adversaires sont obligés d'admettre cette conséquence inique qui serait, croyons-nous, à elle seule, et indépendamment de tout autre raison, suffisante pour faire condamner leur doctrine.

Il va sans dire que le certificateur donné par la caution peut, lorsqu'il est poursuivi par le créancier opposer à celui-ci le bénéfice de discussion et obtenir que le poursuivant s'adresse d'abord à la caution principale. Celle-ci joue en effet à l'égard du certificateur le rôle de débiteur principal.

§2. À quel moment le bénéfice doit-il être demandé?

Nous avons déjà fait observer qu'il est assez rare de voir en pratique la caution jouir du bénéfice de discussion. Dans le cas où il lui est possible d'en user elle doit encore avoir soin de faire connaître son intention d'en user. Si elle laisse s'engager le procès sans invoquer le bénéfice, elle aura, il est vrai, la ressource d'appeler en garantie le débiteur principal; mais elle ne pourra pas se soustraire, même provisoirement, à la poursuite intentée contre elle. Déjà dans l'ancien droit le juge ne pouvait suppléer d'office l'exception que la caution négligeait d'invoquer. Pothier (N° 410) cite, d'après Bretonnier sur Henrys, un arrêt du 1er septembre 1705 qui a jugé la question en ce sens. Cela ne fait

aucun doute aujourd'hui, mais il importe de déterminer d'une manière exacte le moment à partir
duquel la discussion ne peut plus être invoquée.
Les anciens auteurs sont loin d'être d'accord sur
ce point. Les uns soutiennent que le bénéfice peut
être invoqué en tout état de cause, comme étant
une exception péremptoire et non dilatoire. Le but
de la caution qui réclame le bénéfice n'est pas
seulement de gagner du temps, mais aussi de se
procurer une libération complète par la vente des
biens du débiteur. C'est ce qu'exprime un arrêt du
parlement de Toulouse du 2 juillet 1836, qui déclare
que : « l'exception de discussion est un remède et
un bénéfice de droit auquel il est permis de
recourir en tout temps et en chaque partie du
procès; et que la condition des fidéjusseurs est s
favorable que, nonobstant toutes subtilités du droit,
la partie doit toujours être en état les protéger
lorsqu'ils réclament son secours. »

Pothier (n° 410) soutient, au contraire, avec
d'autres auteurs, que l'exception de discussion est
dilatoire, puisqu'elle n'a pas pour effet d'éteindre
l'action du créancier contre la caution, mais d'en
retarder l'exercice. Il en conclut que le fait même
de plaider sur le fond entraîne tacitement la renonciation à l'exception.

C'est à la première des deux opinions que se
rangent les rédacteurs du projet primitif du Code.
Voici les termes de la disposition qu'ils proposent :
« Le créancier n'est obligé de discuter le débiteur

principal que lorsque la caution le requiert ». Aucune époque n'est on le voit, désignée par eux comme enlevant à la caution le droit d'opposer le bénéfice. La doctrine de Pothier est donc abandonnée. Mais le tribunat fait sagement observer que « : le créancier ne doit pas être le jouet de la caution; il doit pouvoir achever la route dans laquelle le silence de celle-ci l'a laissé s'avancer » ; et il obtient la rédaction actuelle de l'article 2022 : « Le créancier n'est obligé de discuter le débiteur que lorsque la caution le requiert sur les premières poursuites dirigées contre elle ». Bien que laissant quelque chose à désirer sous le rapport de la précision ces derniers mots de l'article tranchent évidemment dans le sens de l'opinion de Pothier la controverse qui s'était élevée jadis. Quant aux difficultés qui peuvent se présenter dans la pratique nous les résoudrons en nous rappelant les motifs mis en avant par le tribunat pour obtenir la modification que nous venons de constater. D'une manière générale nous pensons que pour savoir exactement ce que le Code entend par *les premières poursuites*, il ne faut pas prendre ces mots dans un sens restrictif. Il faut s'attacher à déterminer la signification de la conduite de la caution. En un mot la caution sera déchue si le le créancier a eu juste raison de croire qu'elle acceptait le débat.

Parcourons quelques espèces : La caution est poursuivie pendant son absence. Elle pourra à son retour invoquer le bénéfice. — Il en serait de même

dans le cas où un empêchement de force majeure lui
aurait interdit d'agir dès les premiers actes de procédure du créancier : par exemple, elle se trouvait
dans un endroit qu'une brusque inondation aurait
momentanément privé de toute communication
avec l'extérieur. — La caution a été condamnée contradictoirement en première instance, sans avoir
invoqué le bénéfice. Elle ne pourra plus l'invoquer
en appel. C'est ce qu'a décidé un arrêt de la Cour
de Bourges, du 31 décembre 1830. Elle ne pourra
pas l'invoquer non plus si, en l'asence de tout empêchement, elle a laissé prononcer la validité d'une
saisie-arrêt pratiquée contre elle, ou faire la notifi-
cation d'une saisie immobilière, et, à plus forte raison, si elle a laissé procéder à la vente de ses biens.
De même encore si elle ne l'oppose qu'une fois les
conclusions contradictoirement prises à l'audience.
Par contre, l'exception d'incompétence, la demande
faite à l'étranger demandeur qu'il fournisse la caution *judicatum solvi*, ou les exceptions tirées de la
nullité des exploits pourront, devront même, pré-
céder l'exception de discussion, celui qui les oppose
ne concluant pas au fond. Nous pourrions citer
d'autres hypothèses. Celles que nous venons de parcourir suffisent pour indiquer comment on doit appliquer le principe que nous avons énoncé, à savoir
que la caution ne doit être déclarée déchue du droit
d'invoquer le bénéfice de discussion qu'autant que
sa conduite dénote l'intention d'y renoncer. Aussi
croyons-nous que la Cour de Paris est allée trop loin

en décidant, par arrêt du 21 avril 1806, que la caution doit, pour éviter la déchéance, opposer l'exception *in limine litis*,

Avant de quitter cette question, examinons une dernière hypothèse : Une caution, poursuivie par le créancier, a commencé par nier sa qualité ou celle du débiteur principal. Devons-nous la considérer comme ayant renoncé à demander la discussion ? La réponse ne nous paraît pas douteuse. Il est très-possible que la caution soit de bonne foi en niant la dette principale, et même en niant la sienne, si le cautionnement a été consenti par son auteur et non par elle. Si nous admettions l'idée d'une renonciation tacite, nous placerions la caution dans cette situation vraiment singulière : pour ne pas perdre un bénéfice accordé à ceux qui sont réellement tenus, elle serait obligée d'avouer, dès le principe, une dette dont elle ne se croit pas débitrice. Il est impossible d'accepter une pareille solution. Nous ne pouvons admettre qu'on enlève à la caution le droit de refuser d'abord la qualité qu'on lui attribue, et d'invoquer ensuite un bénéfice de droit commun pour les cautions. Nous ne considérons pas comme contraire à notre manière de voir un arrêt de la Cour de cassation, du 27 janvier 1835, qui décide que le bénéfice de discussion, devant être réclamé par la caution sur les premières poursuites dirigées contre elle, ne peut l'être pour la première fois en Cour d'appel, alors même qu'en première instance la caution s'est bornée à contester l'existence ou l'étendue du cautionnement. Si nous ne regardons pas cet arrêt comme la condamnation de notre système, c'est que dans l'espèce soumise à la haute appréciation de la Cour suprème, se trouvait cette circonstance particulière, que la caution, après avoir dénié sa qualité en première instance, avait ensuite partiellement exécuté le jugement. C'est cette exécution partielle qui a déterminé les juges d'appel à prononcer la déchéance, et la Cour de Cassation à rejeter le pourvoi formé par la caution condamnée.

Devons-nous conclure de l'étude des divers cas que nous venons de passer en revue, que la caution doit toujours être déchue du bénéfice lorsque, connaissant les poursuites, elle n'élève aucune réclamation? Nous ne le pensons pas. Il peut se présenter tel cas où l'absence de réclamation ne constitue pas, à notre avis, une renonciation suffisante. Ainsi, Pothier (nᵘ 410) proposait d'admettre au bénéfice la caution qui aurait conclu au fond, dans le cas exceptionnel où les biens dont elle demande la discussion ne sont échus que par la suite au débiteur principal. La raison sur laquelle il appuie sa décision nous paraît des plus sérieuses, « La règle que les exceptions dilatoires doivent être opposées avant la contestation en cause ne peut, dit-il, avoir lieu qu'à l'égard des exceptions nées alors, et non à l'égard de celles qui ne sont nées que depuis. » Le défendeur ne peut être censé, lorsqu'il a défendu au fond, avoir renoncé à des exceptions qui n'étaient pas encore nées. Il faut reconnaître cependant que la lettre de la loi nous est plutôt contraire. Aussi, les auteurs qui ne veulent pas admettre la doctrine de Pothier, sous prétexte qu'elle entraînerait trop de lenteurs et de frais, se fondent principalement sur les mots du Code : *Les premières poursuites*. Mais la solution que nous avons adoptée nous paraît découler d'une façon si naturelle de l'esprit de la loi que nous croyons pouvoir l'admettre, bien que le texte même de l'article 2022 semble hostile à une telle interprétation.

Quant aux formes dans lesquelles le bénéfice doit être invoqué, elles diffèrent suivant qu'il y a demande en justice ou exécution extrajudiciaire. Dans le premier cas, il s'oppose par acte d'avoué à avoué, contenant les mentions prescrites par l'article 2023. Dans le cas de poursuites extrajudiciaires, on peut l'opposer sur les commandements, saisies ou autres actes, soit immédiatement, soit après coup, par exploit signifié au créancier, mais toujours avec les mentions et les offres prescrites.

§ 3. *Conditions que doit remplir la caution qui invoque le bénéfice.*

Il ne faut pas que la faveur accordée à la caution puisse constituer le créancier en perte en lui occasionnant des lenteurs et des frais inutiles. Afin de concilier les intérêts divers qui se trouvent en jeu, la loi soumet à une double condition l'exercice du bénéfice de discussion : la caution doit faire l'avance des frais et indiquer les biens à discuter.

1° *Avance des frais.* — Pothier (n° 413) nous apprend que de son temps on exigeait l'avance des frais pour la discussion des immeubles. Le Code a maintenu cette disposition ; il l'a même aggravée, puisque notre art. 2023, par sa généralité même, embrasse la discussion des meubles aussi bien que celle des immeubles. Nous estimons que cette disposition est fort regrettable. Il est vrai que la discussion est dans l'intérêt de la caution, qu'elle lui donne un répit, et lui procure quelquefois un entier affranchissement. Il est encore vrai qu'elle ne profite pas au créancier dont elle retarde le paiement. Mais ces raisons, données par le tribun Chabot lors de la discussion de notre article au Tribunat, ne nous paraissent pas suffisantes pour autoriser le créancier qui plaide à puiser dans la bourse de la caution qui ne plaide pas. Le tribun Goupil de Prefeln était, à notre avis, mieux inspiré lorsqu'il avertissait le Tribunat de prendre garde de rendre complétement illusoire le bénéfice de discussion introduit dans une pensée d'équité. D'ailleurs le créancier n'est pas en péril, puisque, comme nous allons le voir dans un instant, la caution ne peut obtenir le bénéfice qu'à condition d'indiquer des biens suffisamment faciles à discuter. Craint-on qu'il n'ait pas les moyens d'avancer les frais? Il doit nécessairement faire cette avance, si la caution se laisse condamner, au lieu d'invoquer le bénéfice. Il ne sera donc pas pris au dépourvu, ayant dû consacrer une certaine somme pour soutenir le procès. On arrive avec le système du Code à ce fait très-regrettable, que le plus souvent la caution se trouve poursuivie la première, alors même que la solvabilité du débiteur principal est de notoriété publique. Quelle en est la raisqn ? C'est que par ce moyen le créancier se dispense facilement de faire l'avance des fonds nécessaires à la poursuite. Quoiqu'il en soit, nous ne pouvons que regretter cette disposition du Code : l'art. 2023 est formel et nous devons nous y conformer.

Le Code ne nous dit pas si la caution doit faire spontanément l'offre des frais, ou si elle peut attendre la demande du créancier. Pothier (n° 413) décidait la question dans ce dernier sens et nous croyons que sous l'empire du Code il faut donner la même solution. C'est en ce sens que s'est prononcée, par un arrêt du 21 mars 1827, la Cour de cassation, dans une hypothèse analogue ; elle a décidé que le tiers détenteur, qui, pour faire cesser les poursuites dont il est l'objet en cette qualité, demande la discussion préala le des biens de son vendeur, est obligé de faire les fonds nécessaires à cette discussion lorsqu'il en est requis, mais qu'il n'y a pas pour lui nécessité d'en faire l'offre. C'est aux tribunaux qu'il appartient de trancher les difficultés pratiques qui peuvent naître relativement à la remise ou à la fixation des avances à faire. Lorsque le bénéfice de discussion fut soumis aux délibérations du Tribunat, il fut entendu que l'on s'occuperait de ces points de détails dans le Code de procédure civile. Cette promesse n'a point été réalisée, et nous croyons qu'il n'y a pas lieu de regretter beaucoup cette omission. Il appartenait au législateur seul de poser le principe. Quant aux applications à en faire, elles doivent être du ressort des tribunaux qui, suivant les circonstances, ordonneront, soit la consignation, soit la remise des fonds au créancier, qui devra en justifier l'emploi. Nous ne pourrions cependant admettre la singulière raison que donne M. Troplong pour expliquer cette lacune du Code.«Il est si rare, dit-il, qu'on invoque le bénéfice de discussion, qu'il n'était pas nécessaire d'en organiser la procédure. »

Nous avons constaté, il est vrai, qu'étant données les entraves dont il est entouré, ce bénéfice est d'une application assez rare. Aussi comprenons-nous, sans cependant le partager, l'avis de ceux qui disent que le bénéfice de discussion étant à peu près inutile, il aurait mieux valu ne pas le conserver dans le Code. Mais dès le moment où l'existence même du bénéfice n'est pas mise en question, on doit l'organiser aussi complétement que possible, et ne laisser à résoudre aux tribunaux que les difficultés pratiques sur lesquelles les circonstances doivent exercer une influence décisive. Les points

que nous étudions en ce moment rentrent d'ailleurs
dans cette catégorie.

2° *Indication des biens.* — Nous voici arrivés à
ls seconde question imposée par le Code pour l'exercice du bénéfice, c'est-à-dire à l'indication des biens
du débiteur principal que le créancier sera tenu de
discuter. Il faut d'abord remarquer que l'art. 2023
ne reproduit pas une disposition particulière de l'ancien droit, que nous trouvons mentionnée dans
Pothier (n° 411) : la caution n'était pas à cette
époque obligée d'indiquer les meubles qui se trou-
vaient dans la maison du débiteur. On admettait
que le créancier, connaissant le domicile de son débiteur, connaissait par là même cette sorte de biens.
Le Code aurait peut-être dû reproduire cette disposition, mais il ne nous est pas permis de suppléer à
son silence.

En obligeant la caution à indiquer les biens du
débiteur qu'elle veut faire discuter, la loi a eu pour
but de rendre aussi sûre que possible la poursuite
du créancier. Peu importe que l'indication porte
sur des meubles ou sur des immeubles ; mais il faut
qu'elle soit sérieuse, c'est-à-dire qu'elle désigne des
biens d'une certaine consistance, dont la valeur ne
soit pas absorbée par les charges réelles. La caution
peut à son gré énumérer tous les biens du débiteur,
ou une partie seulement. Toutefois elle agira pru-
demment en en indiquant une quantité largement
suffisante pour désintéresser le créancier, car si
l'indication, trop peu étendue, n'a pas permis à

celui-ci de se payer complétement, la caution devra payer le surplus, sans pouvoir être admise à désigner de nouveaux biens. Pothier (n° 411) est de cet avis et rapporte, d'après Bretonnier sur Henrys, un arrêt du 20 janvier 1701 qui le décide ainsi.

Nous allons maintenant parcourir successivement les diverses conditions auxquelles doivent satisfaire les biens indiqués par la caution. Il faut d'abord que les biens soient situés dans le ressort de la Cour d'appel du lieu où le paiement doit être fait. Le tribun Cambacérès blâma, lors de la discussion au Tribunat, cette exigence que les rédacteurs du projet avaient empruntée à notre ancienne jurisprudence. Mais M. Bigot Préameneu eut facilement raison de cette objection, en faisant observer qu'il est nécessaire que la dicussion ne soit pour le créancier ni trop dispendieuse ni trop embarassante.

Les biens indiqués ne doivent pas non plus être litigieux. Faut-il prendre ce mot dans le sens que lui donne l'article 1700. « La chose est censée litigieuse quand il y a procès et contestation sur le fond. » Nous ne pensons pas qu'il faille tracer à ce sujet des règles d'interprétation aussi étroites aux juges chargés d'accorder ou de refuser le bénéfice. Il faut leur laisser la faculté de décider suivant les circonstances, et leur décision, portant sur un point de fait, sera hors du contrôle de la Cour de Cassation. Pour ne citer qu'un exemple, la Cour de Toulouse, par un arrêt du 9 mars 1819, a déclaré litigieux les biens provenant à un débiteur principal des successions indivises de son père et de sa mère, en se fondant sur ce que la part qui lui devrait revenir ne pourrait être établie qu'après une instance en partage.

Ce n'est pas tout. Il faut encore que les biens indiqués ne soient pas des biens hypothéqués à la dette, qui ne soient plus en la possession du débiteur. Cette disposition du Code est-elle injuste et mérite-t-elle les reproches que lui adressa, lors de la discussion au Tribunat, le tribun Goupil de Prefeln? « Sans cette hypothèque, dit-il, la caution n'aurait pas consenti l'obligation à laquelle elle s'est soumise. Elle ne peut être privée du bénéfice de discussion par un acte qui est le fait d'autrui, qu'elle n'a pu ni prévenir ni empêcher, et qui ne change rien ni au sort, ni aux droits d'aucun des intéressés.

Si nous admettons, comme nous le dirons plus tard, que la caution ne doit pas, en effet, être trompée dans l'espoir qu'elle a eu en comptant sur l'hypothèque, nous n'irons pas cependant jusqu'à en tirer les conclusions du tribun Goupil de Prefeln. Nous pensons, en ce qui concerne la discussion, que c'est avec raison que les rédacteurs du Code ont inséré dans leur œuvre la disposition de l'art. 2023. Il faut avant tout que la discussion ne soit ni longue ni difficile pour le créancier, dont la situation est, plus encore que celle de la caution, digne de la protection du législateur.

Il nous reste à examiner sur l'art. 2023 une question très-controversée par les auteurs. Supposons une dette contractée par plusieurs codébiteurs solidaires, dont l'un a donné une caution. Dans quelle mesure celle-ci pourra-t-elle opposer à la poursuite du créancier le bénéfice de discussion? Devra-t-elle se contenter d'indiquer les biens du débiteur qu'elle a cautionné? Ou bien pourra-t-elle faire porter son indication sur les biens des autres débiteurs? C'est dans ce dernier sens que Pothier (n° 413) résout la question. Il prétend que celui qui s'est rendu caution pour l'un d'entre plusieurs débiteurs solidaires est aussi, en quelque façon, caution des autres, « car l'obligation de tous ces débiteurs n'étant qu'une même obligation, en accédant à l'obligation de celui pour qui il s'est rendu caution, il a accédé à celle de tous. » Nous ne saurions admettre cette opinion, malgré l'appui qu'elle a rencontré de nos jours chez M. Troplong.

D'ailleurs le Code nous paraît avoir implicitement tranché la question dans le sens que nous défendons, en établissant par l'art. 2030, que nous étudierons bientôt, que: « lorsqu'il y a plusieurs débiteurs principaux solidaires d'une même dette, la caution *qui les a tous cautionnés*, a contre chacun d'eux le recours pour la répétition du total de ce qu'elle a payé. » Nous voyons dans cet article l'expression de la pensée du législateur, qui n'a pas voulu traiter de la même manière la caution qui a garanti tous les débiteurs solidaires et celle qui n'en a garanti qu'un seul. Nous aurons d'ailleurs à revenir sur ce sujet en étudiant l'article 2030.

§ 4. *Effets des bénéfices de discussion.*

Nous avons vu de quelles difficultés la doctrine et la jurisprudence ont à l'envi entouré le bénéfice de discussion. Supposons que la caution se trouve dans les conditions exigées par la loi. Plusieurs hypothèses peuvent alors se présenter. Si le créancier se trouve désintéressé par la vente des biens qui lui ont été indiqués, la dette est éteinte, et tous les obligés se trouvent libérés. S'il n'a rien obtenu ou s'il n'a obtenu qu'un paiement partiel, il peut exercer de nouvelles poursuites contre la caution, à condition toutefois de prouver l'insolvabilité totale ou partielle du débiteur principal, soit au moyen d'un procès-verbal de carence, soit en produisant des procès de vente ou d'adjudication. Il peut se faire que le cautionnement n'ait été donné que pour le capital de la dette, et que la discussion des biens du débiteur ne fournisse pas une somme suffisante pour désintéresser entièrement le créancier, tant pour le capital que pour les intérêts. Le Code ne nous donne aucune règle particulière au titre du cautionnement, mais la question est résolue par l'art. 1254 qui décide *in fine* que : « le paiement fait sur le capital et les intérêts, mais qui n'est point intégral, s'impute d'abord sur les intérêts » Voici une autre hypothèse qui se rapproche de la précédente. Pierre doit 10,000 francs, Paul le cau-

tionne pour 5000, et sur une poursuite intentée
contre lui par le créancier, obtient le bénéfice
de discussion. La vente des biens de Pierre produit 5000. Le créancier à qui il reste dû 5000,
pourra-t-il les réclamer à Paul? Cette question
doit être résolue comme la précédente. Paul doit
être prêt à satisfaire le créancier jusqu'à concurrence des 5000 qu'il a garantis, car sans cela de
quelle utilité serait son cautionnement pour le créancier? Celui-ci n'a pas prévu uniquement l'hypothèse où son débiteur, complétement ruiné, se trouverait hors d'état d'acquitter au moins une partie
de la dette. C'est bien plutôt contre une insolvabilité
partielle qu'il a voulu prendre ses précautions. Il est
vrai qu'une décision en sens contraire a été rendue
pas un arrêt du Parlement de Paris, du 3 août
1709, sous prétexte que le paiement doit s'imputer
sur la partie la plus onéreuse de la dette, c'est-à-dire
sur celle qui a été cautionnée. Mais cet arrêt,
blamé par tous les auteurs, méconnaît à la fois l'intention qui a procédé au cautionnement, l'utilité que
le créancier a voulu en retirer, et les garanties que la
caution lui a assurées.

Jusqu'à présent nous avons examiné les effets
produits lorsque la caution ayant invoqué la discussion, le créancier, y a procédé avant que la situation du débiteur se soit modifiée. Mais il peut se
faire que faute, d'une diligence suffisante, le créancier laisse le débiteur principal devenir insolvable. Naturellement le créancier et la caution vont

chercher à rejeter l'un sur l'autre la perte qui doit nécessairement en résulter pour l'un d'eux. Cette question était controversée dans notre ancienne jurisprudence. Pothier (n° 414), faisait retomber la perte sur la caution, disant que pourvu que la discussion ait lieu, le créancier est le maître de choisir le moment où il lui plaît de la faire, sans que la caution ait lieu à se plaindre de l'insolvabilité du débiteur, survenue dans l'intervalle qui sépare l'indication des biens de leur discussion. La coutume de Bretagne (art. 192, nouvelle rédaction) tranchait la question dans un sens contraire, ainsi que l'a fait le Code dans l'art. 2024, dont les rédacteurs ont suivi l'idée si juste émise par Tronchet : « le créancier qui a reçu l'avance des frais devient le mandataire de la caution. » Il n'en résulte pas qu'après avoir avancé les frais, la caution soit de plein droit affranchie de son obligation : mais si son mandataire néglige de remplir son mandat il doit répondre des suites de son inexactitude.

La Cour de cassation a eu à se prononcer dans une hypothèse que nous croyons devoir citer comme exemple, car la décision de la Cour suprême nous paraît montrer clairement quelle a été la pensée des rédacteurs du Code. Une caution avait indiqué à son créancier trois immeubles appartenant au débiteur principal et dont l'un était d'ailleurs hypothéqué à la dette. Le créancier ne comprit dans sa poursuite que ce dernier immeuble, dont la vente ne produisit qu'une somme insuffisante pour le désintéresser. Il se retourna alors vers la caution, prétendant que s'il avait poursuivi la vente d'un seul immeuble, il y avait été contraint par l'art. 2209, d'après lequel un créancier ne peut poursuivre la vente des immeubles qui ne lui sont pas hypothéqués que dans le cas d'insuffisance des biens qui lui sont hypothéqués. Le tribunal de Tarbes, par un jugement du 7 janvier 1833, donna raison au créancier; mais la Cour de Pau infirma ce jugement par un arrêt du 23 décembre de la même année dont voici les principaux *attendus* : Attendu que L... a formellement requis la discussion non seulement de la maison grevée d'une hypothèque spéciale, mais encore de deux pièces de terre appartenant au débiteur principal ; que cependant au lieu de déférer à cette réquisition le créancier a pris sur lui de restreindre la discussion à la maison hypothéquée ; — qu'ainsi il est certain que le créancier n'a point satisfait aux conditions qui lui étaient imposées; que dès lors toute action récursoire lui est interdite contre la caution. »

L'affaire fut déférée à la Cour de cassation par le créancier, qui se plaignait que l'art. 2209 était violé et l'art. 2024 faussemsnt appliqué par l'arrêt de la Cour de Pau. La Cour suprême rejeta le pourvoi : « Attendu que la question à résoudre ne trouvait pas sa solution dans l'art. 2209 du Code civil, mais bien dans l'art. 2024, et qu'en décidant que, lorsque la caution avait indiqué au créancier qui la poursui-

vait, les biens du débiteur principal dont elle de-
mandait la discussion, le créancier perdrait son
recours, s'il prenait sur lui de n'exercer de poursuites que sur une partie des biens indiqués, la
Cour royale de Pau a fait une juste application de
cet art. 2024.» Nous avons cru devoir citer une partie
des deux arrêts. Il n'y a rien à ajouter à des termes
aussi énergiques.

L'insolvabilité du débiteur antérieure aux poursuites retombera toujours sur la caution. Celle-ci
peut sans doute, dans son propre intérêt comme
dans celui du créancier, avertir ce dernier que la
fortune de son débiteur est en voie de déchoir,
mais elle ne peut le faire qu'à titre de simple conseil
et sans jamais pouvoir faire retomber sur le créancier la négligence que celui-ci aurait mise à recouvrer sa créance. Il faudrait assimiler à l'insolvabilité antérieure aux poursuites celle qui serait
survenue trop tôt pour que le créancier puisse être
regardé comme ayant mis de la négligence à poursuivre la discussion.

Les législateurs de 1804 n'ont pas cru devoir
fixer une limite à ce sujet, bien que le Premier
consul eût proposé d'adopter le délai de trois mois.
Les tribunaux seront souverains juges lorsqu'il s'a-
gira de décider si le créancier s'est montré suffisamment diligent.

SECTION II

BÉNÉFICE DE DIVISION

Nous avons jusqu'ici supposé une seule caution poursuivie par le créancier, et nous avions étudié les ressources mises par la loi à sa disposition pour se soustraire, au moins momentanément, à la nécessité de payer la dette. Mais ce cas n'est pas le seul qui puisse se présenter. Il arrivera souvent que pour plus de sécurité le créancier aura exigé la garantie de plusieurs personnes. Ces diverses cautions jouiront sans doute de la faculté d'invoquer le bénéfice de discussion. Mais la loi leur en a accordé un autre, connu sous le nom de bénéfice de division. Nous l'avons étudié déjà dans la législation romaine. Nous n'avons pas à nous occuper du cas où chacune des cautions a pris soin de limiter dès le principe à une part déterminée de la dette la garantie qu'elle consent à fournir au débiteur. Cette convention, très licite d'ailleurs, n'a rien de commun avec le bénéfice de division. Celui-ci ne s'applique que dans le cas où chacune des cautions a garanti toute la dette.

Pothier nous apprend (n° 415) que notre ancienne jurisprudence avait adopté les principes du droit romain dans son dernier état, c'est-à-dire qu'elle considérait le bénéfice de division comme une faveur accordée à la caution qui devait la réclamer pour pouvoir en profiter. Lorsqu'il s'agit de faire passer cette doctrine dans le Code, de très-vives discussions s'élevèrent au sein du Tribunat, dans la section de législation, à laquelle le projet avait été communiqué. Lorsque l'on en vint aux voix, il y eut un partage égal, ce qui, suivant les usages admis en pareille circonstance, entraîna l'adoption du projet primitif, tel que l'avait élaboré la commission. Aussi croyons-nous utile de rapporter ici le texte du contre-projet proposé par les adversaires de la rédaction adoptée. Il était ainsi conçu : « Lorsque plusieurs personnes se sont rendues cautions du même débiteur pour la même dette, si elles ne sont pas obligées solidairement, chacune d'elles n'est tenue que de sa part et portion de la dette, sans être garantie de l'insolvabilité ni de l'incapacité des autres cautions. » Voici le raisonnement sur lequel les rédacteurs du contre-projet appuyaient la disposition proposée par eux. Lorsque plusieurs personnes s'obligent conjointement, chacune est censée ne s'être engagée que pour sa part, à moins que le contraire ne soit prouvé. Pourquoi n'en serait-il pas de même pour les cautions ? Il vaudrait mieux leur accorder le bénéfice toutes les fois qu'elles n'y auraient pas renoncé, au lieu d'exiger qu'elles le réclament expressément. Si le bénéfice de division est une disposition équitable, pourquoi ne pas l'accorder dans tous les cas ?

C'est cependant avec raison que les partisans du projet primitif insistèrent pour le maintien d'un usage
jusque-là universellement admis. L'assimilation des
cautions aux coobligés manque d'exactitude. Lorsque ces derniers s'engagent pour une même obligation, mais sans stipuler la solidarité, il est tout naturel d'interpréter en leur faveur le doute qui règne sur
leurs intentions. Mais pourquoi étendrait-on aux
cautions cette interprétation si favorable d'une
volonté douteuse ? Ne serait-ce pas aller contre la
pensée du législateur, qui s'est ainsi exprimé dans
l'art. 2011 : « Celui qui se rend caution d'une obligation se soumet envers le créancier à satisfaire à cette
obligation si le débiteur n'y satisfait pas lui-même. »
On ne voit pas pourquoi ceux qui avaient voté à
une grande majorité l'article 2011 se trouvèrent ensuite divisés lorsqu'il s'agit d'en faire une juste
application par l'article 2025.

Quoiqu'il en soit d'ailleurs de la valeur de cet
article au point de vue législatif, il a donné lieu à
une intéressante controverse sur la question de
savoir s'il établit entre les cautions un véritable
lien de solidarité. Les partisans de l'affirmative raisonnent ainsi : l'article 1200 décide qu'il
y a solidarité de la part des débiteurs « lorsqu'ils sont obligés à une même chose, de manière
que chacun puisse être contraint pour la totalité, et
que le paiement fait par un seul libère les autres
envers le créancier. » Or, l'article 2025 déclare que :
« lorsque plusieurs personnes se sont rendues cau-

tions d'un même débiteur pour une même dette, elles sont obligées chacune à toute la dette. » N'est-il pas évident que l'article 1200 comprend le cas prévu et réglementé par l'article 2025 ?

Nous accepterions volontiers cette théorie si l'article 1202 n'existait pas ; mais en décidant que « la solidarité ne se présume pas et doit être expressément stipulée », le législateur nous a tracé une régle que nous sommes obligés de suivre, et qui nous paraît absolument contraire à l'opinion que nous venons d'exposer. Aussi croyons-nous que le seul rapport qui lie les cautions d'une même dette est ce que plusieurs auteurs appellent une solidarité imparfaite, c'est-à-dire que chaque caution est tenue envers le créancier commun de toute la dette, et que le paiement fait par l'une d'elles libère toutes les autres, mais qu'il n'existe d'ailleurs entre les cautions aucun autre rapport réciproque de mandant à mandataire.

Abordons maintenant dans ses détails le bénéfice de division tel qu'il est organisé par les articles 2026 et 2027.

§ 1. *Quelles cautions peuvent opposer le bénéfice.*

Toute caution peut opposer le bénéfice de division. Voilà le principe. Mais l'art. 2026, qui l'établit, y ajoute une restriction qui équivaut presque à sa suppression : *à moins qu'elle n'y ait renoncé*. On est obligé de reconnaître qu'en fait l'utilité du bénéfice sera rarement applicable aux cautions. Le plus souvent, en effet, le créancier exigera de leur part une renonciation formelle. Nous avons fait la même remarque dans la section précédente, relativement au bénéfice de discussion.

La renonciation peut être tacite. Elle résulterait certainement de cette clause : *les cautions déclarent s'obliger solidairement et comme débiteurs principaux*. Faudrait-il en dire autant si la clause était simplement ainsi conçue : *les cautions déclarent s'obliger solidairement ?* Nous pensons que oui. La suppression des deux ou trois mots qui se trouvent dans la première des formules employées ne nous paraît pas de nature à en dénaturer la signification et à en amoindrir la portée. De deux choses l'une : ou les cautions ont voulu s'obliger solidairement avec le débiteur principal, et alors la clause que nous étudions équivaut à la précédente, car en se plaçant dans une situation équivalente à celle du débiteur principal elles ont tacitement renoncé à se prévaloir d'un bénéfice auquel celui-ci n'a jamais droit ; ou bien c'est entre elles (et non avec le débiteur principal) qu'elles ont entendu établir la solidarité, et dans ce cas encore il faut admettre une renonciation tacite, sous peine de faire de leur déclaration une vaine redondance.

Nous admettons donc que la clause portant que les cautions se sont obligées solidairement entraîne

de leur part renonciation au bénéfice de division,
Faut-il ajouter qu'elles sont aussi censées avoir renoncé au bénéfice de discussion ? Lorsque nous
avons étudié ce dernier bénéfice, nous avons constamment supposé une seule caution en présence du
créancier. Aussi avons-nôus laissé momentanément
de côté cette question qu'il nous faut étudier maintenant. Si l'engagement portait : *les cautions s'engagent solidairement et comme débiteurs principaux,*
il ne pourrait s'élever aucun doute et la renonciation
aux deux bénéfices serait évidente. Mais nous supposons qu'il a été convenu que : *les cautions s'engagent solidairement.* Nous croyons que cette clause,
exclusive, comme nous venons de le voir, du bénéfice de division, ne l'est pas du bénéfice de discussion. Les parties se sont exprimées d'une manière
insuffisante ; il s'agit d'interpréter leur intention,
et rien ne nous oblige à admettre qu'elles ont entendu établir la solidarité entre elles et le débiteur
principal. Il faut supposer plutôt qu'elles n'ont entendu l'établir qu'entre elles. C'était au créancier,
à l'avantage de qui devait tourner cette clause, qu'il
appartenait d'exiger une rédaction plus explicite,
s'il entendait faire renoncer les cautions aux deux
bénéfices à la fois, et non pas seulement à celui de
division. Nous croyons cependant qu'une grande
liberté d'appréciation doit être laissée aux juges,
obligés d'interpréter une volonté douteuse. Il pourra
résulter, en effet, des circonstances que la stipulation de solidarité doive être interprêtée comme em-

portant renonciation aux deux bénéfices. Ainsi une caution s'engage seule à garantir une dette et s'oblige solidairement. Elle renonce par là même au bénéfice de discussion. Plus tard le créancier reçoit une seconde caution. Cet évènement ne doit en rien influer sur l'étendue du premier cautionnement, et la caution qui s'est engagée seule dans le principe ne saurait être admise à invoquer la discussion du débiteur, puisqu'elle a déclaré s'obliger solidairement avec lui.

Nous verrons plus tard que les donneurs d'aval, étant réputés s'obliger solidairement, ne peuvent pas invoquer le bénéfice de division.

Pothier (n° 417) nous rapporte que de son temps les cautions judiciaires ne pouvaient pas l'opposer aux poursuites dont elles étaient l'objet. Le Code n'a pas cru devoir reproduire cette prohibition. Son silence est d'autant plus significatif, qu'il s'est expressément prononcé en sens contraire relativement au bénéfice de discussion.

Enfin le certificateur de la caution peut opposer les mêmes exceptions que celui dont il a garanti la solvabilité. Il est par conséquent fondé à réclamer la division de la dette entre lui et les cofidéjusseurs de la caution qu'il a garantie.

Nous pouvons citer, pour mémoire, deux autres catégories de cautions qui n'étaient pas admises dans notre ancien droit à invoquer le bénéfice de division. Pothier (n° 426) nous les indique. L'une d'elle a disparu de nos jours, l'autre est rentrée dans le droit commun : nous voulons parler des cautions qui garantissaient les deniers royaux et de celles qui avaient commencé par nier de mauvaise foi leur engagement.

§ 2. *A quel moment le bénéfice doit-il être opposé.*

Le Code ne nous donne pas ici, comme il le fait pour le bénéfice de discussion, une règle formelle. Nous pensons qu'il faut suivre l'opinion de nos anciens auteurs qui voyaient dans le bénéfice de division une exception péremptoire. C'est ce que nous dit Pothier dans son Traité des Obligations (n⁰ 426), mais il faut remarquer que de son temps en appuyait cette décision sur une constitution de l'empereur Alexandre (1. 10 § 1 Code *De fidej.*) que nous avons eu l'occasion d'étudier précédemment, et dans laquelle il est dit que la division a lieu *inter eos qui solvendo sunt ante condemnationem.*

Nous avons déjà montré l'erreur dans laquelle sont tombés les commentateurs jusqu'au moment où la découverte du manuscrit de Gaius est venu faire comprendre le sens véritable de la loi 10. Si nous le rappelons ici, c'est pour signaler ce fait curieux que M. Troplong a reproduit l'argument tiré des mots *ante condemnationem*, sans s'apercevoir qu'il ne peut être raisonnablement produit en présence des notions que nous donne Gaius au sujet de la procédure formulaire.

Mais nous n'avons pas besoin d'aller chercher dans la législation romaine des démonstrations en faveur de notre système. N'est-il pas évident que le but de la caution étant, non de différer les poursuites du créancier, mais de les repousser dans une certaine mesure, le secours que lui offre la loi ne saurait être qualifié d'exception dilatoire. Qu'on réfléchisse d'ailleurs aux conséquences du système opposé. Voici une caution à qui la loi accorde deux bénéfices. Si elle doit les opposer tous les deux sur les premières poursuites, n'est-il pas évident qu'elle se trouvera pas là même réduite à choisir entre les deux, à abandonner l'un pour pouvoir indiquer l'autre ? Telle n'a pas été, bien certainement l'intention des rédacteurs du Code. Ils n'ont pas voulu reprendre d'une main ce qu'ils donnaient de l'autre. Ils ont dû, il est vrai, pour les motifs que nous avons examinés plus haut, exiger que le bénéfice de discussion soit opposé sur les premières poursuites; mais ils s'en sont référés, par leur silence même, aux anciens errements, en ce qui concerne le bénéfice de de division. Il n'y a d'ailleurs aucun inconvénient à laisser à la caution une semblable latitude. Son intérêt nous est le meilleur garant qu'elle s'empressera d'invoquer le bénéfice de discussion, aussitôt qu'elle le pourra, c'est-à-dire immédiatement après le bénéfice de discussion, dans le cas où celui-ci n'aura pas suffi pour la protéger. En effet, comme nous le verrons bientôt la caution est responsable de la solvabité des autres cautions jusqu'au moment où elle invoque le bénéfice. Elle sera donc toujours portée à se prévaloir le plus tôt posible de l'exception qui lui est offerte.

Il ne faudrait pas conclure de ce qui précède que la division pourra être indéfiniment demandée. Si les poursuites intentées contre la caution l'ont été en justice, le jugement qui la condamne à payer lui enlève le droit d'invoquer le bénéfice, pourvu qu'il soit définitif et passé en force de chose jugée. Le jugement susceptible d'appel n'étant pas définitif, la caution pourrait invoquer devant la Cour d'appel le bénéfice qu'elle n'aurait pas opposé devant le tribunal de première instance. Si les poursuites sont extrajudiciaires, elle pourra se prévaloir de l'exception jusqu'à ce que les deniers provenant de la vente de ses biens aient été distribués. Il n'y a pas à craindre ici, comme dans le bénéfice de de discussion, d'exposer le créancier à des inconvénients trop graves. La caution ne peut pas espérer se soustraire à toute obligation ; elle aura toujours quelque chose à payer ; dès lors les poursuites auront toujours été utiles au créancier pour une partie de la dette. Il peut même se faire qu'elles eussent été nécessaires en tous cas, la caution n'ayant pas les moyens d'acquitter sa part de l'obligation au moment où elle est poursuivie. Elle seule peut soufrir du retard qu'elle a mis à opposer le bénéfice. Il faudrait cependant donner une solution différente s'il résultait des circonstances qui ont accompagné la vente, la saisie, en tout autre acte antérieur de procédure, que la caution a entendu renoncer au bénéfice de division. Nous n'avons pas à revenir sur ce point que nous avons déjà examiné.

§ 3. *Conditions que doit remplir la caution qui offre le bénéfice. Entre qui la division peut-elle être demandée ?*

La première condition à remplir pour obtenir le bénéfice de division consiste à le demander. Les juges ne pourraient pas suppléer d'office la demande. Ajoutons que, suivant la remarque faite par le tribun Chabot dans son rapport au Tribunat : « la division ne peut être demandée qu'après que l'action a été formée par le créancier ; jusqu'à ce qu'elle le soit, les cautions restent responsables des insolvabilités de chacune d'elles. » C'est que le créancier ne peut être contraint à recevoir un paiement partiel, alors qu'il peut avoir juste raison d'espérer un paiement intégral de la part du débiteur ou d'une autre caution. Si la caution veut payer, elle doit payer le tout. Pothier l'enseignait déjà (n° 535) et cela ne fait pas de doute aujourd'hui. Mais faut-il en dire autant si l'obligation des cautions est de plein droit divisée entre elles, par exemple si chacune d'elles s'est rendue caution pour une fraction déterminée de la dette principale, la moitié, le tiers, le quart? Le créancier peut-il en ce cas, l'échéance étant arrivée, refuser le paiement partiel que lui offrirait la caution? Dumoulin l'a soutenu, prétendant que : « l'obligation de caution ne doit pas porter indirectement atteinte à l'obligation principale, en la rendant payable par parties avant qu'elle soit divisée. » Il y a là une exagération manifeste. N'est-il pas certain que la caution qui a pris soin de limiter expressément son engagement et de déterminer la portion qu'elle entend garantir ne doit et ne devra jamais rien au delà? Elle doit avoir, à l'échéance, le droit, commun à tous les débiteurs, de prévenir la demande du créancier en lui offrant le paiement de la portion qu'elle a cautionnée, et qui est, quant à elle, tout ce qu'elle doit, comme le fait justement observer Pothier. Quand, au contraire, la dette n'a pas été divisée dès l'origine, chaque caution garantit l'obligation tout entière.

Par conséquent celle qui veut se libérer ne peut pas exiger du créancier qu'il reçoive un paiement partiel. La loi la protége suffisamment en lui accordant une exception.

Quant à la forme dans laquelle le bénéfice doit être invoqué, il suffit de se reporter à ce que nous avons dit du bénéfice de discussion. La procédure est identique. Nous devons par contre signaler une notable différence entre les deux bénéfices, au point de vue des conditions requises de la caution qui veut les invoquer. Nous avons vu que le moment

auquel, sous peine de déchéance, doit être opérée
l'exception, n'est pas le même dans les deux cas.
Cela vient, avons-nous dit, de ce que le bénéfice de
division est une exception péremptoire, tandis que
l'autre n'est qu'une exception dilatoire. La même
raison nous conduit à admettre une seconde différence, que la loi n'établit pas expressément, mais
qui résulte de son silence même. Nous voulons parler de l'avance des frais, à laquelle le Code ne soumet pas la caution qui oppose le bénéfice de division.
Nous savons qu'il en est autrement pour le bénéfice
de discussion. Nous avons considéré comme regrettable cette disposition de l'art. 2023, mais tout en
trouvant que nos législateurs eussent mieux fait de
ne pas l'établir, nous devons reconnaître qu'ils
avaient au moins un prétexte pour agir ainsi. Ils
pouvaient prétendre que le créancier, conservant
ses droits contre la caution pour le cas où le débiteur ne paiera pas, il est raisonnable de ne pas lui
faire supporter l'avance des frais, indépendamment
du retard que lui occasionne le bénéfice de discussion. Le bénéfice de division ne leur offrait même
pas ce prétexte, car la caution ne doit plus rien une
fois la division obtenue, et il n'y a pas de motif à
invoquer pour lui faire supporter, en sus de la part
qu'elle vient de payer, les frais nécessaires pour
poursuivre les autres cautions dont elle est maintenant séparée.

Il nous faut voir maintenant entre quelles
personnes s'opère la division. Deux règles décou-

lent de la combinaison des articles 2025 et 2026.

1° La division n'a lieu qu'entre le fidéjusseur d'un même débiteur ;

2° Il faut que les fidéjusseurs entre lesquels elle a lieu soient solvables.

Voyons d'abord la première règle. Il va sans dire que si l'engagement de l'une des cautions est nul, on opérera la division en faisant abstraction de sa part. Mais si, au lieu d'une nullité radicale, nous supposons une simple possibilité d'annulation, devrons-nous décider de même ? Par exemple un mineur, ou une femme mariée dépourvue d'autorisation, a cautionné une dette en même temps que d'autres personnes capables de contracter un engagement valable. Nous pensons que l'incapable doit être compté dans la division, à condition qu'il ne se soit pas fait restituer contre l'engagement pris par lui. Son obligation, en effet, existe jusqu'à ce qu'il en ait fait prononcer la nullité, et nous ne voyons pas pourquoi on n'en tiendrait pas compte tant qu'il n'a pris aucun parti à ce sujet. La division ainsi effectuée ne sera que provisoire. Si plus tard l'incapable fait prononcer la nullité de l'engagement, le créancier pourra revenir alors contre les autres cautions pour exiger d'elles la part qu'aurait dû supporter l'incapable. Voici en quels termes s'exprime à ce sujet Pothier (n° 424) : « Si avant que le fidéjusseur mineur se fût pourvu contre son cautionnement, j'étais poursuivi par le créancier, et que je lui opposasse l'exception de division, je pense qu'il serait équitable qu'il ne pût être obligé de diviser son action entre son cofidéjusseur mineur et moi que sous la réserve de revenir contre moi, dans le cas auquel ce mineur se ferait restituer contre son cautionnement. »

Il n'y a pas, remarquons-le, de différence à établir entre l'incapacité du mineur et celle de la femme mariée. Nous avons vu qu'il en était autrement en droit romain : tandis que pour la femme *totam obligationem senatus improbat*, l'engagement du mineur était valable d'après le droit civil, et c'est le préteur qui venait à son secours au moyen de la *restitutio in integrum*. Chez nous cette distinction n'existe plus, et l'obligation contractée par une femme non autorisée n'est plus atteinte que d'une nullité relative. Quant au recours du créancier dans le cas où l'incapable ferait plus tard annuler son engagement, il ne peut faire de doute pour personne, car, ainsi que le fait remarquer Pothier, on ne peut pas dire du créancier qu'en acceptant le cautionnement d'un incapable, il a entendu se charger des risques de la restitution. Tout au contraire, il a clairement prouvé, en exigeant l'adjonction d'autres cautions, qu'il cherchait ses sûretés contre la restitution et n'entendait pas en courir les risques.

Il faut, avons-nous dit, que les cautions entre lesquelles a lieu la division soient intervenues pour la même dette. Aussi refuserons-nous au certificateur le droit de demander la division entre lui et la cau-

tion qu'il a garantie, car celle-ci joue, par rapport
à lui, le rôle du débiteur principal. Nous lui accorderons au contraire la faculté d'invoquer le bénéfice contre les autres cautions, si le créancier en a
reçu plusieurs.

Lorsque nous avons, en étudiant le bénéfice de
discussion, examiné le cas où une caution a garanti
l'obligation d'un débiteur tenu solidairement avec
d'autres, nous avons refusé d'admettre la théorie
de Pothier, qui considère que : « celui qui s'est
rendu caution, pour l'un d'entre plusieurs débiteurs
solidaires, est en quelque façon caution des autres. »
Nous trouvons ici un nouvel argument en faveur
du système que nous avons présenté.

C'est la contradiction manifeste dans laquelle est
est tombée l'éminent jurisconsulte, qui, après avoir
posé lors du bénéfice de discussion le principe que
nous venons de rappeler, et arrivant à l'étude du
bénéfice de division, se donne à lui-même un
démenti significatif en décidant que la division,
ne peut avoir lieu dans l'espèce suivante : deux
débiteurs solidaires ont donné chacun séparément
une caution au créancier ; la caution de l'un des débiteurs peut-elle demander que le créancier divise
son action entre elle et la caution donnée par
l'autre débiteur ? En admettant la négative, Pothier
revient forcément sur l'assimilation qu'il avait voulu établir précédemment entre le cas où l'un des
débiteurs solidaires à été seul cautionné et celui où
ils l'ont tous été par la même personne. Cette con-

tradiction n'a pas échappé à l'auteur qui s'est rangé à l'avis de Pothier hors du bénéfice de discussion, et et ce n'est pas sans une certaine vivacité qu'il la relève. Plus conséquent que Pothier, M. Troplong persiste dans le même système, relativement au bénéfice de division. Pour nous, nous sommes convaincus que l'art. 2025 s'oppose à ce que l'on accorde le bénéfice dans l'espèce que nous étudions, les deux cautions n'ayant pas cautionné le même débiteur.

Suffit-il, pour que le bénéfice puisse être invoqué par la caution poursuivie, que d'autres cautions, (d'ailleurs solvables, comme nous le verrons bientôt) aient cautionné le même débiteur pour la même dette? Ne faut-il pas en outre que le cautionnement ait été donné conjointement. Cette doctrine à été soutenue et voici sur quels raisonnements on l'a appuyée. Lorsque les cautions se sont engagées successivement, la première qui s'est obligée n'a pu compter sur le bénéfice puisqu'elle était seule au moment de son engagement. La seconde elle-même a pu ignorer le premier cautionnement et dans ce cas elle n'aura pas compté sur le bénéfice. En tous cas le créancier, en exigeant cette seconde caution, à eu pour but de se trouver une sûreté nouvelle est et non de diminuer l'étendue de l'obligation contractée par la première caution. M. Duranton qui présente ce système va jusqu'à dire que : l'art. 2026. suppose un cautionnement donné par plusieurs conjointement. » Cette assertion est inexacte. Il suffit pour s'en convaincre de lire successivement les art. 2025 et 2026. Le premier ne fait aucune distinction entre ceux qui se sont engagés conjointement et ceux qui se sont engagés successivement. Vient ensuite le second article qui débute ainsi : *Néanmoins chacune d'elles...* Il est certain que l'adoucissement apporté par ce dernier article à la situation de certaines cautions se réfère à celles-là même dont il vient d'être question dans l'article précédent. Quand à savoir si la caution a pu compter sur le bénéfice et le créancier sur de nouvelles sûretés, nous ne pensons pas que ces faits, quelle que soit d'ailleurs leur importance, soient de nature à exercer une influence quelconque sur la question qui nous occupe. Le bénéfice de division est fondé sur la cause toute favorable du cautionnement. Or il n'y a aucune raison de se montrer moins favorable aux cautions qui se s'ont engagées par actes séparés qu'à celles qui se sont engagées conjointement. Il faut dans un cas comme dans l'autre, éviter la multiplicité des recours et des frais.

Si l'une des cautions est obligée purement et simplement et l'autre à terme ou sous condition, la première pourra demander la division des poursuites, mais le créancier sera admis à revenir contre elle, afin de lui faire payer le surplus, si la condition ne s'accomplit pas, ou si, lors de l'arrivée du terme ou l'accomplissement de la condition l'autre caution se trouve être insolvable. Il va sans dire que si l'une des cautions a répondu seulement d'une partie de la dette, on ne la comptera, pour opérer la division, que jusqu'à concurrence de la partie par elle cautionnée.

Arrivons maintenant à la seconde des conditions exigées par l'art. 2026 : les cautions entre lesquelles a lieu la division doivent être solvables. D'abord à quel moment doit-on se placer pour apprécier leur solvabilité ? Est-ce au moment où l'exception est invoquée? On l'a soutenu en invoquant l'autorité de Pothier (n° 420), qui dit qu'après la division le créancier ne pourra pas revenir contre la caution qui l'a obtenue, quoique son cofidéjusseur soit devenu insolvable *depuis la contestation en cause.* Mais l'auteur qui adopte cette opinion est-il sûr d'avoir bien compris la pensée de Pothier? Ces mots *constestation en cause,* empruntés au droit romain, ont, dans notre ancien droit, une signification peu précise. Cherchons ailleurs la pensée du grand jurisconsulte. Un peu plus loin, dans un passage que le Code n'a fait que copier en l'abrégeant, nous trouvons ceci : « L'effet de l'exception de division est de faire prononcer par le juge la division.... Avant que cette division de la dette ait été *prononcée par le juge...,* chacun des fidéjusseurs est véritablement débiteur du total de la dette. » Voilà où la pensée de Pothier se montre clairement. Forts de cette autorité, et surtout des mots du Code: *lorsque la caution a fait prononcer la division,* nous estimons que la division a lieu entre les cautions solvables, non pas quand l'exception est proposée, mais au moment où est rendu le jugement qui recueille l'exception. Mais à partir du jugement tout est définitivement arrêté. L'insolvabilité de l'une des cautions survenue même le lendemain serait à la charge du créancier dont l'intérêt est donc de hâter ses poursuites.

Faut-il considérer comme insolvable la caution domiciliée à l'étranger? « Je ne puis pas, dit Pothier (n° 423), opposer l'exception de division, si mon cofidéjusseur est demeurant hors du royaume, car cette exception est une grâce que la loi n'accorde qu'autant que le créancier n'en souffrirait pas trop d'incommodité. » Le Code n'ayant pas reproduit cette disposition, nous en concluons que c'est aujourd'hui d'après les circonstances que la question doit être résolue. Le seul fait d'habiter à l'étranger n'implique nullement l'insolvabilité, ni même la difficulté dans le recouvrement de la créance. Mais si la caution domiciliée à l'étranger ne possède rien en France, nous croyons qu'on doit la considérer comme insolvable, et ne pas la compter dans la division. Il est à présumer que ce fait même est entré pour une part dans les motifs qui ont poussé le créancier à exiger l'accession d'autres cautions.

Il faut certainement considérer comme solvable, quel que soit l'état de sa fortune personnelle, la caution qui a un certificateur solvable. Celui-ci paiera la part pour laquelle la caution sera comptée dans la division, si elle ne peut le faire elle-même.

S'il y a contestation, entre le créancier et la caution poursuivie, au sujet de la solvabilité des autres cautions, à qui incombe la preuve? Au créancier, nous dit Pothier (n° 422). Le Code n'a pas expressément reproduit cette règle, mais elle subsiste toujours, par le fait même que l'art. 2026, en établissant le droit au bénéfice de division, n'y met pas pour condition que la caution qui l'invoquera devra prouver la solvabilité des autres cautions. La solvabilité est la règle. C'est au créancier qui invoque une exception à en faire le preuve. En cas d'insuffisance des biens des cautions, joints à ceux de leurs certificateurs, le créancier reviendra contre la caution provisoirement admise à ne payer que sa part. Si au lieu d'invoquer la division, la caution paie la totalité de la dette (qu'elle soit poursuivie ou non, peu importe), il faut appliquer l'art. 2025 et dire qu'elle ne pourra répéter l'excédant contre le créancier. Elle était, en effet, tenue de toute la dette et n'a pas payé l'indu. Enfin, si la caution qui demande la division a déjà payé une partie de la dette, pourra-t-elle imputer sur la part dont elle est tenue la somme qu'elle a payée? Rigoureusement on devrait dire qu'elle ne peut demander la division que de la somme qui reste due. Mais si les autres cautions sont solvables, cette décision serait bien dure. Aussi croyons-nous qu'il vaut mieux suivre l'avis de Pothier (n° 426), qui décide que la caution pourra imputer ce qu'elle a payé sur la part dont elle est tenue dans la dette.

§ 4. *De la division consentie par le créancier et de ses effets.*

Le créancier peut de lui-même diviser son action, au lieu d'attendre que le bénéfice de division soit réclamé par la caution poursuivie. Il nous reste à dire quelques mots de cette division volontaire pour compléter nos développements sur le bénéfice de division. Il ne peut s'élever de difficulté dans le cas où la renonciation est expresse. Mais elle peut être tacite, et c'est en ce sens que l'on interprèterait] le fait que le créancier aurait reçu divisément et volontairement la part de l'un des débiteurs. Pothier veut qu'il en soit de même lorsque le créancier a demandé à l'une des cautions la part dont elle est tenue; et l'art. 2027 reproduit cette décision. Notons que le Code est plus sévère à l'égard des codébiteurs solidaires, puisque dans l'art. 1211 il décide que le créancier n'est pas censé remettre la solidarité au débiteur « par la simple demande qu'il forme contre l'un des codébiteurs solidaires pour sa part,'si celui-ci n'a pas acquiescé à la demande, ou s'il n'est pas intervenu un jugement de condamnation. » Cette disposition n'a rien qui doive nous surprendre, puisque nous avons admis, en étudiant le bénéfice de discussion, que la loi n'établit pas de solidarité entre les cautions. Quant aux partisans de l'opinion que nous avons alors combattue, ils sont obligés, en présence de l'article 2025, de chercher une conciliation entre leur système et la disposition du Code, qui ne saurait s'accorder avec leur théorie. C'est un nouvel argument qu'ils nous offrent eux-mêmes à l'appui de notre thèse.

Il convient d'ajouter que si les cautions se sont engagées solidairement, c'est l'art. 1211 qu'il faut appliquer : la demande formée en ce cas contre l'une des cautions solidaires pour sa part n'entraînera remise de la solidarité que si la caution a acquiescé à la demande ou s'il est intervenu un jugement de condamnation.

Si le créancier n'a consenti à la division de la dette qu'avec l'une des cautions, il conserve son action contre les autres pour le montant de sa créance, déduction faite de la part afférente à la caution qu'il a déchargée. En dehors de ce cas particulier, la renonciation du créancier a un effet remarquable qui établit une grande différence entre la division octroyée par lui et celle qui est obtenue en justice. Nous avons vu que cette dernière met à la charge des cautions solvables la part de celles qui ne le sont pas. Lorsque le créancier fait lui-même la division de son plein gré, il est censé renoncer à rechercher la caution pour les insolvabilités existantes au moment de sa renonciation.

DEUXIÈME PARTIE

EFFETS DU CAUTIONNEMENT ENTRE LE DÉBITEUR PRINCIPAL ET LA CAUTION

Nous arrivons maintenant, en suivant l'ordre du Code, aux rapports que le cautionnement établit entre le débiteur et la caution, c'est-à-dire au recours de celle-ci contre celui-là. Le mot recours suppose un paiement effectué. Toutefois, dans certains cas, la caution est admise à agir contre le débiteur, même avant d'avoir payé. Il n'y a pas alors de recours, à proprement parler, mais le résultat obtenu étant le même que s'il y en avait un, nous étudierons les deux cas dans un même chapitre qui se trouvera naturellement divisé en deux sections.

SECTION PREMIÈRE

DU RECOURS DE LA CAUTION QUI A PAYÉ

§ 1 *Principe et étendue de ce recours*

En mettant à part le cas où la caution est intervenue *donandi animo*, elle ne s'oblige que pour faire tout au plus l'avance de la somme qu'elle garantit. Si elle procure au débiteur sa libération, c'est à condition que celui-ci l'indemnisera. L'étendue de son recours variera, comme nous le verrons plus loin, suivant que la caution aura agi comme mandataire, comme gérant d'affaires, ou malgré le débiteur. Nous nous contentons pour le moment de poser le principe du recours accordé à la caution qui a éteint la dette. Nous disons *qui a éteint*, et non *qui a payé*, car le recours existe au profit de la caution, de quelque manière que le débiteur soit libéré. Cela est vrai, soit que la caution ait payé, soit qu'elle ait fait une dation en paiement, soit qu'une compensation se soit produite entre elle et le créancier. Une novation aurait le même effet.

Dirons-nous la même chose si la caution est libérée parce que le créancier lui a fait remise de la dette ? Il faut établir une distinction, fondée sur un examen attentif des termes au moyen desquels a été faite la remise. S'il résulte de cet examen que l'intention du créancier a été de se réserver le droit d'agir contre le débiteur principal, tout en déchargeant la caution de son engagement, celle-ci n'aura aucun recours, à exercer. Si, au contraire, le créancier, voulant faire une libéralité à la caution, lui donne une quittance de la dette sans rien lui demander en échange, elle pourra exercer son recours contre le débiteur. C'est en vain que le débiteur invoquerait le mot *payé* qui se trouve dans l'art. 2028 pour soutenir que, n'ayant rien déboursé, elle n'a rien à réclamer. La libéralité du créancier, n'étant pas faite en sa faveur, ne doit pas rejaillir sur lui. Le résultat obtenu est le même que si le créancier, réellement payé par la caution, lui remettait immédiatement à titre de don la somme qu'il vient de recevoir comme paiement. Comme le dit Domat, tout dépendra de la manière dont le créancier se sera exprimé pour faire connaître son intention.

Voyons maintenant quelle est l'étendue du recours ouvert à la caution. L'art. 2028 nous énumère les divers éléments dont il se compose: Ce sont, outre le principal, les intérêts, les frais, et, le cas échéant, les dommages et intérêts.

1° Le recours a lieu d'abord pour le principal; mais le cautionnement, étant un contrat de bienfaisance, ne peut devenir entre les mains de la caution une occasion de bénéfices. L'indemnité qui lui est accordée se mesurera sur le montant de la dépense faite par elle pour éteindre la créance, et non sur le *quantum* de la créance elle-même. Par exemple un créancier à qui il est dû 10,000 fr. payables dans deux ans. préfère recevoir 8,000 fr. comptant.

La caution qui lui remet cette dernière somme ne sera pas admise à réclamer 10,000 au débiteur principal. Ne perdons cependant pas de vue la distinction que nous avons indiquée tout à l'heure. Il peut se faire qu'en acceptant un paiement partiel le créancier ait eu pour but d'abandonner le reste à la caution à titre de libéralité. Pourvu que son intention ne soit pas douteuse, et qu'elle résulte clairement des termes dans lesquels est conçue la quittance donnée par lui, elle doit être respectée par le débiteur. Celui-ci devra rembourser à la caution le montant intégral de la dette.

Prenons une autre hypothèse : Une caution a geranti une dette de 20,000 fr. payables dans dix ans. Désireux d'échapper aux risques que lui ferait courir l'insolvabilité possible du débiteur principal, elle obtient du créancier une décharge de son cautionnement, moyennant une somme de 1,000 fr. Il semblerait tout naturel que le créancier conservât sa créance intégrale, et gardât les 1,000 fr. qu'il a reçus de la caution, comme dédommagement des risques qu'il a pris à sa charge. Par une bizarrerie inexplicable le Code en décide autrement. L'art 1288 porte que les 1,000 fr. payés par la caution s'imputeront sur la créance qui sera réduite à 19,000 fr.

La caution pourra, sans aucun doute, réclamer au débiteur les 1000 francs qu'elle a payés, et le créancier se trouvera ainsi n'avoir rien reçu en échange des risques qu'il a courus. Les rédacteurs du Code n'ont pas cru devoir admettre, sans doute comme entraînant des appréciations rétrospectives trop délicates, l'opinion de Dumoulin et de Pothier (n° 618), qui laissaient au créancier le bénéfice de la somme reçue par lui, dans le cas où l'insolvabilité du débiteur principal était sérieusement à redouter au moment où la caution obtenait sa décharge moyennant une indemnité. Mais nos législateurs n'auraient-ils pas pu admettre que dans tous les cas le créancier pourra garder ce qu'il a reçu? Nous le croyons pour notre part. Quoi qu'il en soit, la loi est formelle, et nous devons nous y conformer.

2° Les intérêts sont compris dans le recours. Mais il faut fixer le sens du mot *intérêts*. S'agit-il de ceux qu'avait produits la dette principale au profit du créancier, et que la caution lui a payés en même temps que le capital? Cette prétention a été justement rejetée par la Cour de Toulouse, par un arrêt du 4 février 1829. Elle a décidé que les intérêts dont parle l'art. 2028, sont ceux des sommes payées et non pas seulement les intérêts payés. Les intérêts échus au moment du remboursement fait par la caution au créancier sont considérés eux-mêmes comme un capital productif d'intérêts. En un mot la caution peut répéter les intérêts de toutes les sommes qu'elle a déboursées. Il s'agit maintenant de savoir à partir de quel moment il faudra les faire courir. Pothier a émis (n° 440) une opinion que tous les auteurs ont rejetée, d'accord avec la jurisprudence. (Arrêts de la Cour de Caen du 7 août 1840 et du 4 juillet 1842.) Selon lui, la caution n'aurait droit aux intérêts des sommes déboursées par elle que du jour de sa demande en justice. Cette opinion, déjà contredite par Domat, n'est pas admissible. D'abord, si la caution s'est engagée sur la demande du débiteur, elle doit, aux termes de l'art. 2001, qui est général, toucher l'intérêt de ses avances à dater du jour où elles auront été constatées. Quant à celle qui n'a droit qu'à l'action de gestion d'affaires, tout le monde n'est pas d'accord pour lui permettre d'invoquer l'art. 2028. Nous reviendrons bientôt sur ce point. Mais en dehors d'un texte positif, nous pouvons invoquer en sa faveur un motif d'équité qui nous paraît suffisant. Le cautionnement, en ce qui concerne les rapports de la caution et du débiteur, est un contrat de bienfaisance. Il est donc juste que la première soit complétement indemnisée lorsque les moyens de l'autre le permettent. Or, cela n'aurait pas lieu si on adoptait le système de Pothier, puisque la caution perdrait l'intérêt des sommes qu'elle aurait déboursées pendant l'intervalle qui se serait écoulé entre le le paiement et la demande en justice.

3° Viennent ensuite les frais, au sujet desquels l'art. 2028 s'exprime ainsi : « La caution n'a de recours que pour les frais faits par elle depuis qu'elle a dénoncé au débiteur principal les poursuites dirigées contre elle. » Au premier abord, l'article semble vouloir exclure du recours auquel la caution a droit, les frais faits par le créancier contre le débiteur, bien que la caution soit aussi tenue de les payer, d'après l'art. 2016. Personne ne saurait admettre une aussi flagrante injustice. Où trouver, nous ne dirons pas une raison, mais un prétexte pour laisser ces frais à la charge de la caution? Aussi tout le monde est-il d'accord pour rectifier ainsi l'art. 2028, inexactement rédigé par suite d'une transposition de mots : « La caution n'a de recours pour les frais faits par elle que pour ceux qu'elle a faits depuis qu'elle a dénoncé au débiteur principal les poursuites qu'elle a dirigées contre elle. » La caution, étant tenue de dénoncer au débiteur les premières poursuites intentées contre elle, ne pourra réclamer, si elle tarde à l'avertir, que les frais de la première demande, ceux de la dénonciation, et ceux qui seront faits après cette dénonciation. Le reste restera à sa charge, car elle est en faute de ne pas avoir prévenu à temps le débiteur.

4° Restent les dommages et intérêts. En les mettant à la charge du débiteur, le Code fait une simple application du principe qu'il a posé dans l'article 2000, d'après lequel le mandant doit indemniser le mandataire des pertes que celui-ci a essuyées à l'occasion de sa gestion, sans imprudence qui lui soit imputable. Aussi la caution devrait-elle être indemnisée, si, pour procurer sa libération au débiteur, elle avait dû se procurer à grands frais la somme nécessaire. Il faut observer que la caution a toujours droit à ces dommages et intérêts, sans en excepter le cas, d'ailleurs le plus fréquent de tous, où la dette principale consiste en une somme d'argent. En effet, en disposant que dans les obligations qui se bornent au paiement d'une certaine somme les dommages et intérêts résultant du retard dans l'exécution ne consistent jamais que dans la condamnation aux intérêts fixés par la loi, l'art. 1153 prend soin lui-même de réserver le cas de cautionnement. Cette dérogation au droit commun provient toujours de cette idée que le cautionnement est un contrat de bienfaisance et qu'il faut le rendre le moins onéreux possible à la caution.

Nous avons jusqu'ici, en étudiant l'étendue du recours accordé à la caution, sous-entendu une convention de mandat intervenue entre elle et le débiteur principal. Nous appliquerons les mêmes règles, si ce dernier, sans avoir donné un mandat exprès, a du moins connu l'intervention de la caution et n'a rien fait pour s'y opposer. Il y a alors mandat tacite. Si l'intervention a eu lieu à l'insu du débiteur, il est impossible de formuler une règle générale applicable dans tous les cas. Les tribunaux apprécieront suivant les circonstances qui ont accompagné le cautionnement. Ils devront par dessus tout considérer le but que la caution a poursuivi en s'engageant. A-t-elle agi dans un but généreux, pour procurer au débiteur le crédit qui lui manque, les juges lui accorderont le recours auquel a droit le gérant d'affaires. Il se peut en effet que la caution, désireuse de rendre service au débiteur, n'ait pas eu les moyens ou le temps de lui demander son consentement. Elle n'en aura pas moins droit, comme gérant d'affaires, au recouvrement de tous ses déboursés, à condition toutefois de justifier de l'utilité de ses dépenses. Cette justification faite, elle aura un recours aussi étendu que si elle avait reçu un mandat, et pourra par conséquent réclamer au débiteur qu'elle a libéré, le capital et les accessoires, et, le cas échéant, des dommages et intérêts.

Mais quels droits accorderons-nous à la caution qui s'est engagée malgré le débiteur principal? Cette question a divisé les esprits les plus éminents dans notre ancienne jurisprudence, comme elle l'avait fait à Rome. De nos jours, on n'est pas plus d'accord. Nous refuserons dans ce cas à la caution, pour laquelle il ne peut être question de l'action de mandat, l'action de gestion d'affaires, qu'un système lui accorde. Elle ne nous semble pas non plus devoir être subrogée, son engagement manquant du caractère de bon office qui est de l'essence de la subrogation. Nous lui accorderons seulement une action *de in rem verso*, pour lui permettre de poursuivre le débiteur dans la limite de son enrichissement. Il ne pourra donc être question pour elle de recouvrer tout au plus que ses déboursés, sans qu'elle ait à prétendre aux intérêts de plein droit ou aux dommages et intérêts. En outre, son action se prescrira par le temps qui restait à courir pour la prescription de la dette qu'elle a payée, tandis que l'action de mandat ou de gestion d'affaires ne se prescrit que par trente ans à compter du paiement. Il va sans dire qu'elle n'aura aucun recours à exercer si elle a entendu faire une libéralité au débiteur, mais cette libéralité ne doit pas être présumée; elle doit être démontrée par les faits.

Si le cautionnement a été consenti à titre onéreux, faudra-t-il néanmoins appliquer l'art. 2028, en ce qui concerne les dommages et intérêts, ou, comme on l'a soutenu, l'art. 1153 qui les restreint à l'intérêt légal? Il ne nous paraît pas possible d'admettre cette dernière opinion, qui a le tort d'établir une distinction qui ne se trouve nulle part dans le Code. Remarquons d'ailleurs, que tout en payant un prix pour le cautionnement, le débiteur ne s'oblige pas moins à remplir son engagement envers le créancier, et à prévenir par là le dommage qui est venu atteindre la caution. Or, c'est pour ce dommage que la caution réclame une indemnité. Toutefois nous pensons qu'il faut laisser aux tribunaux le droit de décider qu'en fait, dans telle circonstance donnée, la somme reçue par la caution doit être considérée comme une indemnité aléatoire des chances qu'elle court, indemnité qu'elle ne doit pas recevoir deux fois.

Il peut se faire que la caution se soit obligée dans l'intérêt du créancier et dans le but de lui assurer un paiement sur lequel il a des inquiétudes. Elle aura dans ce cas contre le débiteur les mêmes droits qu'avait le créancier, mais elle n'aura pas d'autre recours contre lui. Pour n'en citer qu'un exemple, elle verra ses droits se prescrire par le laps de temps qui restait à courir dans une prescription commencée contre le créancier, bien que le paiement fait par elle ne remonte pas à trente années.

§ 2. *Conditions auxquelles est subordonné le recours.*

Pour que la caution puisse exercer son recours, il faut d'abord qu'elle ait payé. Mais cela suffit-il ? Ne faut-il pas en outre que le débiteur ait été libéré par un paiement valablement fait ? Il faut distinguer. La caution n'est responsable de l'utilité du paiement que si elle a quelque faute à se reprocher. Dans le cas contraire, elle ne répond de rien. Prenons un exemple. Paul achète à Pierre une maison qui n'existe plus au moment où la vente est conclue, par suite d'un incendie ou de tout autre évènement analogue. Le contrat est nul faute d'objet. Supposons que Jean, donné comme caution par l'acheteur au vendeur, paie le prix de vente à ce dernier, bien qu'il sache à quoi s'en tenir sur la ruine de la maison. Il est en faute et par conséquent n'a droit à aucun recours. Il en serait de même dans l'hypothèse suivante : j'achète un champ dont je suis évincé par la suite, et la caution que j'ai donnée à mon vendeur paie le prix de la vente, bien qu'elle ait eu connaissance de l'éviction que j'ai subie. Ces exemples suffisent à montrer quelle est la règle à suivre dans les diverses hypothèses qui peuvent se présenter. Un doute pourrait s'élever au sujet de la prescription : prévenons-le. La caution peut éprouver un scrupule, plus ou moins légitime, suivant les cas, à invoquer la prescription pour repousser les poursuites du créancier. A-t-elle le droit de payer, comme si ce moyen de défense n'existait pas, et de recourir ensuite contre le débiteur principal ? Notre ancienne jurisprudence, à ce que nous apprend Pothier (n° 434) se prononçait déjà pour la négative. Il faut en dire autant aujourd'hui, vu le silence du Code, et décider que la caution doit invoquer la prescription lorsqu'elle en a le droit, ou que du moins, si elle éprouve de la répugnance à employer ce moyen, elle est tenue d'avertir le débiteur avant le temps. Celui-ci, prévenu, verra ce qu'il lui convient de faire. On comprend qu'il ne saurait en être de même si l'exception que la caution hésite à invoquer lui est personnelle. Dans ce cas toute liberté lui est laissée. Ainsi un mineur a cautionné une dette ; l'échéance arrive ; il paie sans invoquer la nullité de son engagement. Le débiteur libéré par lui ne peut se soustraire à son recours. Il en serait de même si une caution, engagée *ad tempus*, acquittait la dette à une époque où elle a cessé d'être obligée.

Relativement à l'utilité du paiement, l'art. 2031 prévoit deux hypothèses. 1° « La caution qui a payé une première fois n'a point de recours contre le débiteur principal qui a payé une seconde fois, lorsqu'elle ne l'a pas averti du paiement par elle fait ; sauf son action en répétition contre le créancier. » Ainsi la caution qui est prudente doit, aussitôt après avoir payé, se hâter d'en avertir le débiteur principal. De quelle manière ? Le Code ne le dit pas et lui laisse par conséquent une entière liberté à cet égard. Mais si elle ne peut réussir à prouver qu'elle a averti le débiteur, la seule ressource qui lui reste consiste dans l'action en répétition que le Code lui donne contre le créancier, reproduisant ainsi une disposition de notre ancienne jurisprudence, qui tenait pour accomplie la cession d'actions, à la différence du droit romain, qui autorisait simplement la caution à la demander.

Le Code ne dit rien d'une espèce qui se présente tout naturellement à l'esprit après celle que nous venons de voir. Que décider au cas où le débiteur principal ayant négligé de prévenir la caution du paiement qu'il a fait, celle-ci effectue un second paiement entre les mains du créancier. Le droit romain et nos anciens auteurs la résolvaient comme la précédente (Pothier, n° 437.) Faut-il en dire autant sous l'empire du Code ?

La Cour de Lyon s'est prononcée pour l'affirmative dans un cas où la caution, poursuivie judiciairement, avait payé une dette que le débiteur principal avait lui-même acquittée depuis deux ans, sans l'avoir avertie du paiement qu'il avait effectué. Nous croyons intéressant de reproduire, au moins en partie, les termes de cet arrêt, rendu le 14 mai 1857 :
« Le débiteur est en faute de n'avoir pas averti sa caution du paiement de la dette ; son obligation à cet égard est corrélative à celle imposée par le premier alinéa de l'art. 2031 à la caution, quand celle-ci effectue le paiement ; c'est la faute consistant dans un défaut d'avis de la part du débiteur qui a occa-

sionné le paiement fait par la caution au créancier, dans l'ignorance de l'extinction de la dette : la caution a un juste motif de payer comme telle pour échapper à des poursuites dirigées contre elle par le créancier ; d'après les règles du mandat, le mandant devant indemniser le mandataire des préjudices que celui-ci a éprouvés à l'occasion de sa gestion, sans imprudence qui lui soit imputable (article 2000), il s'ensuit que la caution, dans l'espèce, est fondée à exercer contre le créancier l'action *mandati contraria*, pour se faire indemniser du paiement indu, occasionné dans la suite du contrat de fidéjussion par une faute du débiteur principal. »

Nous ne pouvons qu'approuver les termes et la solution de cet arrêt, et nous estimons que c'est avec raison qu'en présence du silence du Code il s'est prononcé pour le maintien des règles suivies en droit romain et dans notre ancien droit. Il est évident que nous n'admettrions pas cette solution dans l'hypothèse d'une caution engagée à l'insu du débiteur principal, celui-ci n'étant en ce cas nullement en faute de ne pas l'avoir prévenue. Tel était déjà l'avis de Pothier (n° 437.)

2° Lorsque la caution, dit ensuite l'art. 2031-2°, aura payé sans être poursuivie et sans avoir averti le débiteur principal, elle n'aura pas de recours contre lui dans le cas où au moment du paiement ce débiteur aurait eu des moyens pour faire déclarer la dette éteinte, sauf son action en répétition contre le créancier. Il faut distinguer deux hypothèses.

La première ne donne lieu à aucune difficulté : Si la caution veut payer avant d'être poursuivie, elle doit avoir soin de s'informer auprès du débiteur principal, si celui-ci n'a pas quelques moyens de défense à opposer à la prétention que pourrait élever le créancier. Si le débiteur, averti par elle, ne lui communique aucun fait emportant extinction ou annulation de la dette, elle peut payer sans crainte et exercer ensuite un recours contre le débiteur. Si cependant elle a payé une créance qui n'était pas encore exigible, elle devra attendre pour exercer son recours que l'échéance soit arrivée. (Nous réservons, bien entendu, les cas prévus par l'art. 2032, que nous verrons bientôt). Quant à la durée de l'action, elle est de trente ans, puisque la loi ne l'a soumise à aucune prescription particulière. Il en est ainsi même pour les intérêts payés par la caution, car, par rapport à elle, ces intérêts sont un véritable capital déboursé, aussi que l'a justement proclamés, entre autres décisions judiciaires, un arrêt de la Cour de Caen du 7 août 1840. — Deuxième hypothèse : la caution est poursuivie : elle paie sans avertir le débiteur principal, l'art. 2021 ne lui enlève pas le droit de recourir contre le débiteur, puisqu'il n'a trait qu'à la caution qui paie sans être poursuivie et sans avoir averti le débiteur. On a cependant prétendu que cette disposition ne doit pas être prise au pied de la lettre, et qu'il ne faut y voir que l'expression d'une règle suceptible de se modifier dans l'application, suivant les circonstances dont l'appréciation est laissée aux tribunaux. D'après les partisans de cette opinion, s'il est reconnu en fait que la caution pouvait se mettre en communication avec le débiteur, qui lui aurait fourni les moyens de repousser les poursuites, elle n'aura aucun recours à exercer contre le créancier. Si les poursuites sont extrajudiciaires, les juges devront rechercher si la caution n'aurait pas pu, sans s'exposer à de trop gaves conséquences, retarder le paiement jusqu'à ce que le débiteur fût averti. Nous croyons que ce système est inadmissible. Peut-être pourrait-on dire, au point de vue législalatif, que la caution doit avertir le débiteur avant de payer, la loi mettant à sa disposition divers moyens de retarder les effets de la poursuite du créancier. Nous répondrions alors que dans bien des cas la caution serait saisie et verrait ses biens vendus avant d'avoir pu obtenir du débiteur une interventfon efficace. Mais la question n'est pas placée sur ce terrain et il ne dépend pas de nous de l'y transportei. Nous sommes en présence d'un texte formel du Code, nous devons nous y conformer, au lieu de chercher à établir des distinctions au moins arbitraires. La presque unanimité des auteurs est d'accord avec la jurisprudence pour donner cette solution, que nous trouvons nettement formulée dans l'arrêt précité de la Cour de Lyon du 14 mai 1857.

§ 3. *De la subrogation, considérée dans les rapports qu'elle établit entre le débiteur et la caution subrogée.*

Nous avons vu le bénéfice de cession d'actions s'établir à Rome, grâce à une ingénieuse fiction des jurisconsultes. Il subsiste dans notre ancienne jurisprudence, qui accepte les idées romaines relativement à la nécessité d'obtenir du créancier la cession de ses actions. L'intérêt de la caution n'est par là, comme nous l'avons vu en droit romain, que très-imparfaitement garanti. Si elle paie sans penser à requérir la cession, elle n'a aucun moyen de réparer son oubli. Dumoulin, comprenant tout ce que ce système arriéré offre de défectueux, tente d'introduire une innovation capitale. Il voudrait que le fait seul du paiement, sans aucune réquisition de la part de la caution, suffît pour lui faire acquérir tous les droits du créancier désintéressé par elle. (*Prima lectio Dolaria*). Mais le grand jurisconsulte commet une faute grave, qui contribue sans aucun doute à faire rejeter presque universellement les idées pourtant si sages et si équitables dont il s'est fait le défenseur. Au lieu de parler au nom de la raison, au lieu de montrer tout ce que la pratique romaine a de vicieux, il entreprend de prouver que jusqu'à lui aucun interprète des lois romaines n'a su en comprendre le sens véritable et

qu'elles contiennent précisément ce bénéfice de
subrogation qu'il voudrait introduire dans nos coutumes. Cette doctrine de Dumoulin obtient peu de
succès, probablement, comme nous venons de le
dire, à cause des moyens plus audacieux qu'habiles
qu'il met en œuvre pour la faire triompher. C'est
aux rédacteurs du Code que revient l'hon.. eur d'a-
voir réalisée l'innovation vainement tentée par
Dumoulin. L'art. 1251 concède à la caution une
subrogation de plein droit.

En mettant de côté le cas où elle s'est engagée
animo donandi, et celui ou elle est intervenue
malgré le débiteur, la caution a toujours droit à la
subrogation légale, qu'elle ait cautionné le débiteur
sur son mandat ou à son insu. Il ne peut, en
présence des art. 2029 et 1251, s'élever aucun
doute sur ce résultat, quel que soit d'ailleurs le parti
que l'on prenne sur la véritable nature de la subrogation. On sait que les auteurs sont loin d'être d'accord sur cette grave question. Les uns la considèrent comme une cession fictive par suite de
laquelle une créance éteinte au moyen d'un paiement effectué avec l'argent d'un tiers est regardée
comme continuant d'exister au profit de ce dernier,
qui peut l'exercer à l'effet de recouvrer par elle ce
que lui a coûté la libération du débiteur. Suivant
les autres, la subrogation n'est que l'attribution
conventionnelle ou légale des accessoires, priviléges,
hypothèques et cautionnements de l'ancienne
créance éteinte par le paiement fait avec l'argent

d'un tiers à une nouvelle créance née du paiement
ou du contrat de prêt qui a procuré au débiteur des
fonds avec lesquels il s'est libéré. Nous nous contentons de signaler cette célèbre controverse dont
l'étude nous paraît d'autant plus étrangère à notre
sujet que quel que soit le parti que l'on prenne dans
le débat, la solution est la même au point de vue
du cautionnement.

Dans le projet primitif du Code, l'art. 2029 était
conçu de la manière suivante : « La caution a pour le
recours, les mêmes actions et le même privilège de subrogation que la loi accorde au débiteur solidaire. »
Cette rédaction fut modifiée sur une simple observation du Tribunat. La rédaction primitive aurait pu
induire en erreur au sujet de l'étendue des droits con-
férés à la caution subrogée, qu'elle paraissait mettre
dans une situation absolument égale à celle du débiteur solidaire qui a payé. Or, cette similitude n'est
pas complète. Tandis que le débiteur solidaire doit
déduire la part dont il est tenu dans la dette de
la somme qu'il réclame à son coobligé, la caution
peut demander au débiteur principal toute la
somme qu'elle a payée. Prenons l'article tel qu'il est,
et voyons si les mots : *la caution qui a payé la dette*,
doivent être entendus dans un sens aussi large que
dans l'article précédent. La négative a été soutenue. La caution qui paie, a-t-on dit, ne cherche
pas à bénéficier. Si elle paie, c'est qu'elle y est contrainte, et le transport de créance que la loi opère
alors en sa faveur n'a pas pour but de l'enrichir,

mais simplement de la protéger contre des chances de perte. Par conséquent, si le créancier lui fait une remise totale ou partielle de la dette, elle ne pourra pas réclamer la totalité au débiteur, en vertu de la subrogation. Cette opinion ne nous paraît pas devoir être admise. Sans doute le cautionnement est un contrat de bienfaisance, et en principe il est vrai de dire que la caution ne doit compter tout au plus que sur un remboursement intégral des deniers déboursés par elle. Mais de quel droit empêcherions-nous le créancier qui veut gratifier la caution de donner suite à son désir de lui faire une libéralité? Si après avoir reçu un paiement intégral des mains de la caution, il lui remettait immédiatement à titre de don tout ou partie de ce qu'il vient de recevoir, personne ne pourrait prétendre qu'il n'a pas agi dans la plénitude de son droit. Pourquoi donner une solution différente dans le cas où il a supprimé cette vaine formalité. Il est hors de doute que ce n'est pas le débiteur principal que le créancier a voulu gratifier, et c'est à lui que le système que nous combattons fait acquérir le bénéfice de la libéralité. Il faut, croyons-nous, établir une distinction. S'il résulte des termes dans lesquels la remise de la dette a été faite, que le créancier a entendu gratifier le débiteur et non la caution, le titre dont celle-ci est porteur réclame contre toute prétention de sa part à la subrogation. Si, au contraire, l'intention du créancier a été de faire une libéralité à la caution, rien, nous le répétons, ne nous semble pouvoir s'opposer à la réalisation de sa volonté, et la caution sera alors non pas, à notre avis, subrogée mais cessionnaire à titre gratuit d'une créance dont elle pourra poursuivre le remplacement pour son compte. Ce que nous venons de dire de la remise de la dette s'appliquerait à tout autre avantage consenti par le créancier à la caution. Par exemple le créancier d'une rente non encore remboursable permet à la caution d'en opérer le remboursement anticipé. Celle-ci sera-t-elle obligée d'accepter également une restitution immédiate de la part du débiteur, qui peut, notons-le, y avoir avantage si les conditions du service de la rente sont onéreuses pour lui. Nous ne le croyons pas. Le créancier ayant voulu gratifier la caution, celle-ci pourra maintenir dans les termes de son contrat le débiteur qui voudrait se libérer avant l'échéance, et jusqu'à cette époque elle continuera à toucher les arrérages auparavant servis au créancier. Dumoulin nous rapporte que cette solution était admise de son temps. Mais il est un point où il émet un avis que nous ne partageons pas et que le Code nous paraît avoir condamné dans l'art. 2029. Dans sa première leçon à Dôle, Dumoulin prétend que si le créancier s'est fait consentir des sûretés nouvelles depuis le cautionnement, la subrogation ne peut avoir pour effet de les faire acquérir à la caution, celle-ci devant se contenter des droits que le créancier possédait au moment du contrat de cautionnement. L'art. 2029 ne permet pas de s'arrêter à cette solution, les mots qu'il emploie : *tous les droits qu'a-vait le créancier contre le débiteur*, sont trop larges pour qu'il soit permis d'établir des distinctions. L'autorité du Code est amplement suffisante et nous pourrions nous dispenser de donner d'autres raisons. Nous ajouterons cependant que rien n'est plus équitable que l'effet que nous accordons dans cette hypothèse à la subrogation. Indifférente au créancier, qui est désintéressé, elle l'est aussi au débiteur, dont la position n'est ni améliorée, ni aggravée. Rien de plus juste et de plus conforme à l'esprit général du Code que d'en faire profiter la caution dans une large mesure, en rendant aussi efficace que possible son recours contre le débiteur.

Faut-il aller jusqu'à accorder à la caution le droit de demander, à défaut de non-paiement, par le débiteur, l'annulation du contrat principal. Il faut établir une distinction : si le créancier est complétement désintéressé, si, par exemple, le vendeur d'une maison a été intégralement payé par la caution, celle-ci pourra poursuivre la résolution de la vente, comme le vendenr aurait pu le faire lui-même. Le droit de résolution n'est autre chose, en effet, qu'un droit sanctionnateur de la créance du prix ; il en est une garantie, un accessoire ; il doit la suivre et passer, comme elle, à celui à qui elle est transmise. Comment admettre, d'ailleurs, que le droit de résolution, qui ne peut plus être exercé par le vendeur désintéressé, s'éteigne par le fait du paiement du prix de la vente, alors que la créance survit par le fait de la subrogation? Aucun texte n'autorise une pareille conséquence. Il faut donc s'en tenir à l'article 2029, et comprendre le droit de résolution, avec tous les autres droits du créancier, dans la subrogation accordée par la loi à la caution, et il faudrait donner une solution différente dans le cas où le premier ne serait pas complétement désintéressé. Ainsi, Pierre afferme un immeuble à Jean, qui lui donne Paul comme caution. Jean ne payant pas, Paul paie pour lui. Ce dernier pourra-t-il demander la résiliation du bail? Non, assurément, car l'intérêt du créancier pourrait en être lésé. C'est à celui-ci à voir ce qu'il lui convient de faire. S'il consent à la résiliation, le débiteur principal qui, en l'espèce, est le locataire, ne pourra s'y opposer. C'est ainsi que l'a jugé un arrêt de la Cour de Bourges, du 8 juin 1812.

On voit, par ce que nous venons de dire, que l'action résultant de la subrogation diffère de celle qui provient de l'idée de mandat ou de gestion d'affaires. Au moyen de cette dernière, la caution peut, nous l'avons vu, recouvrer non-seulement ce qu'aurait pu demander le créancier au débiteur principal, mais, en outre, les frais de poursuite et des dommages et intérêts. C'est là un sérieux avantage. Par contre, la subrogation offre les garanties particulières que nous venons de signaler. Il ne faut pas perdre de vue d'ailleurs, la disposition de l'article 1252, qui reproduit l'ancien adage : *nemo censetur subrogasse contrà se* : Paul est créancier de

Pierre de 20,000 francs, et sa créance est garantie à la fois par une hypothèque et par une caution. Celle-ci paie 10,000 francs, et se trouve par conséquent subrogée à l'hypothèque jusqu'à concurrence de cette somme ; de son côté, Paul reste créancier hypothécaire des 10,000 francs qui lui sont encore dus. Comment les colloquera-t-on ? La caution ne pourra prétendre venir en concours avec Paul, sous prétexte qu'ils poursuivent tous deux en vertu d'une même hypothèque, car la loi, en admettant la subrogation, ne fait que supposer une convention tacite de subrogation conventionnelle, et ne peut, par suite, l'interpréter, dans un sens défavorable au créancier. Si donc la vente de l'immeuble hypothéqué ne produit que 15,000 fr., la caution devra se contenter des 5,000 qui lui resteront, une fois le créancier complétement désintéressé. Cette préférence accordée au créancier ne s'exerce, toutefois, que pour la portion de la dette garantie par la caution, et que celle-ci n'a pas payée. Soit un créancier de 20,000 fr., ayant une hypothèque inscrite pour cette somme, et une caution qui la lui a garantie en totalité. Plus tard, il prête de nouveau à son débiteur primitif une somme de 10,000 francs et prend une nouvelle inscription, toujours sur le même immeuble. Il reçoit ensuite de la caution le paiement intégral de sa première créance. La caution prend dès lors son lieu et place, et vient en première ligne sur le prix produit par la vente de l'immeuble. Supposons que le prix ne s'élève qu'à 25,000 francs. C'est le créancier qui supportera la perte, celle-ci résultant non de la première créance, mais de la seconde, à laquelle la caution est demeurée étrangère. Si le créancier avait fait inscrire le même jour les deux hypothèques garantissant les deux prêts succesifs, la caution, qui a garanti et remboursé le premier, viendrait en concours avec lui et la répartition se ferait proportionnellement. Ces principes ont été appliqués par un arrêt de la Cour de cassation du 27 novembre 1832.

Il ne faut pas perdre de vue que dans tout ce qui précède, relativement à un concours possible entre la caution et le créancier désintéressé pour une partie seulement, nous avons supposé que ce dernier avait un droit de préférence sur les deniers mis en distribution. Supposons maintenant qu'il vient comme simple chirographaire. Il faut établir une distinction suivant que la caution a exécuté ou non toute son obligation envers lui.

Eclaircissons cela par deux exemples : 1ᵉ Pierre a prêté 1000 francs à Paul, et la seule garantie qu'il en ait reçue consiste en un cautionnement de 5000 francs que lui a fourni Jean. Celui-ci paie la somme qu'il à cautionnée. Par suite d'une circonstance quelconque, les biens de Paul sont vendus à la requête de ses créanciers. Pierre et Jean vont se présenter. Ils concourrent au marc le franc, car, d'une part, Jean ayant accompli toute l'obligation dont il s'était chargé ne doit plus rien à Pierre, et d'autre part, il se présente non comme subrogé à ses droits,

mais comme mandataire ou gérant d'affaires du débiteur (suivant les cas). C'est ce qu'a décidé un arrêt de
la Cour de cassation du 1er août 1860. — 2º Supposons
les mêmes personnes et les mêmes circonstances
que ci-dessus, avec cette seule différence que Jean a
garanti la dette entière et n'en a payé que la moitié
Il ne pourra pas en ce cas concourir avec Pierre; parce que l'obligation résultant du cautionnement subsiste toujours, et qu'il n'est dès lors pas possible
d'admettre que la caution vienne diminuer la part
afférente au créancier envers lequel elle n'est encore
que partiellement libérée.

§ 4. *Contre quelles personnes la caution peut-elle agir?*

Lorsqu'une caution a reçu mandat de plusieurs
débiteurs, ou qu'elle a géré leurs affaires, elle doit
avoir recours contre chacun d'eux. Cela ne fait pas
de doute. La difficulté consiste à déterminer quelle
sera l'étendue de ce recours. Il faut distinguer plusieurs hypothèses. S'il s'agit de débiteurs simplement conjoints, la caution ne pourra demander à
chacun que sa part et portion. Agit-elle, en effet,
par l'action de mandat qui lui est personnelle? Elle
ne peut, en s'appuyant sur l'art. 2002, réclamer le
total à l'un des débiteurs, car la dette se divisant
entre eux, on ne peut pas dire que l'affaire est com-

mune à tous. Est-ce au moyen de la subrogation
qu'elle réclame ses déboursés? Elle ne saurait obtenir davantage, car le créancier n'aurait pas pu poursuivre l'un des débiteurs pour le tout. Il en est autrement lorsqu'il s'agit de débiteurs solidaires. La
loi décide formellement que la caution a contre
chacun d'eux un recours pour la répétition de ce
qu'elle a payé lorsqu'elle les a tous cautionnés.
Rien de plus juste que cette disposition, qui, sans
aggraver la position du débiteur, donne à la caution une précieuse garantie. Celle-ci a payé ce que
chacun des débiteurs s'était engagé à payer. Il est
juste qu'on lui fournisse l'action du créancier dans
toute son étendue.

Le Code ne s'est pas expliqué relativement au cas
où la caution aurait cautionné un seul des débiteurs
solidaires. Mais il est aisé de suppléer à son silence.
Remarquons d'abord que le texte même de l'art.
2030 nous fournit un argument *a contrario* pour
décider que dans ce cas le recours de la caution ne
pourra s'exercer contre chacun des débiteurs solidaires qu'elle n'a pas cautionnés, que jusqu'à concurrence de sa part dans la dette. En ne parlant que
du cas où elle a cautionné tous les débiteurs, l'article exclut vraisemblablement celui ou elle n'a cautionné que l'un d'eux. Par quelle action d'ailleurs la caution prétendrait-elle recourir pour le
tout? Par l'action de mandat? Elle ne peut être
considérée comme ayant reçu mandat de ceux
qu'elle n'a pas cautionnés. Par l'action de gestion

d'affaires? Elle ne peut demander à chacun d'eux, au moyen de cette action, que ce dont elle l'a libéré. Invoquera-t-elle l'art. 1166 et prétendra-t-elle exercer les droits du débiteur? Celui-ci, s'il avait payé, ne pourrait réclamer à chacun de ses débiteurs que sa part et portion (art. 1213 et 1214). Viendra-t-elle enfin comme subrogée aux droits du créancier? Le débiteur actionné par elle lui répondra : « Je vais si vous l'exigez, vous payer le total de la somme déboursée par vous. Mais prenez garde : vous allez vous engager dans un circuit d'actions. Après vous avoir payée, je serai subrogé à mon tour aux droits du créancier, la subrogation ayant lieu aussi bien contre les cautions que contre les débiteurs d'après l'art. 1251. Je vais donc pouvoir immédiatement, après vous avoir payé le total, vous réclamer tout ce qui excède ma part dans la dette.» Il faut ajouter que rien n'est plus juste que cette limitation apportée au recours de la caution. Il est vrai qu'elle aura à supporter la perte résultant de l'insolvabilité de l'un des autres codébiteurs ou de celui-là même qu'elle a cautionné, tandis qu'elle n'eût pas été en perte, si le créancier avait poursuivi d'abord l'un des débiteurs solvables. Mais cette chance encourue par elle est de la nature du cautionnement. Si la loi accorde exceptionnellement un recours pour le tout à la caution qui a cautionné tous les débiteurs solidaires, c'est qu'elle a contre chacun d'eux une action personnelle pour le total de la dette.

Il peut se faire, que non content de la subrogation

légale, la caution se soit fait conventionnellement subroger aux droits du créancier. Elle a, à notre avis, accompli une inutile formalité, et n'a pas, en agissant ainsi, augmenté l'étendue de ses droits. Nous ne pensons pas que la subrogation conventionnelle doive avoir plus d'étendue que la subrogation légale. Les auteurs qui sont d'un avis contraire raisonnent ainsi : « Si un tiers avait payé la dette en se faisant subroger, il aurait recours pour le tout contre chacun. Il n'y a pas de raison pour traiter la caution moins favorablement qu'un tiers. » Voilà justement ce que nous n'admettons pas. Il y a une raison capitale de traiter la caution moins favorablement qu'un tiers : C'est qu'à la différence de ce dernier, elle est tenue d'un engagement qui peut lui être opposé par quiconque se trouve subrogé aux droits du créancier.

SECTION II

DE L'ACTION QUE PEUT EXERCER LA CAUTION MÊME AVANT D'AVOIR PAYÉ

Il ne suffit pas d'indemniser la caution de ce qu'elle a payé au créancier. Il faut aussi prévenir, autant que possible, le dommage qu'elle pourrait éprouver. Les lois romaines étaient, comme nous

l'avons vu, conçues en ce sens, et notre ancienne jurisprudence, à leur exemple, avait admis certains
cas où la caution pouvait recourir contre le débiteur même avant d'avoir acquitté sa dette. Le Code,
en adoptant les même idées a eu le tort de se servir
d'un mot impropre, emprunté d'ailleurs à Pothier
(n° 442) : la caution, même avant d'avoir payé, peut
agir contre le débiteur pour être par lui *indemnisée*.
Ce dernier mot appelle l'idée d'un dommage éprouvé
et d'une réparation. Or, avant d'avoir payé, la caution ne peut avoir éprouvé aucun dommage. Il est
à craindre dans certains cas qu'elle en éprouve un,
et c'est pour cela que la loi vient à son secours ;
mais il n'y a pas là, à proprement parler, une indemnité. Quoi qu'il en soit la pensée de la loi est claire
et nous ne nous arrêterons pas davantage à cette
légère incorrection.

Le Code énumère cinq cas dans lesquels la caution peut, même avant d'avoir payé, agir contre le
débiteur. Nous allons les passer en revue.

1° *Lorsqu'elle est poursuivie en justice pour le
paiement.*—A la différence du droit romain, qui exigeait que la condamnation eût été prononcée contre
le fidéjusseur, avant de lui accorder un recours, le
Code, suivant en cela les errements de notre ancien
droit, permet à la caution d'agir contre le débiteur
aussitôt qu'elle est poursuivie. Cette différence entre les deux législations est moins importante qu'elle
ne paraît l'être au premier abord, et la protection
accordée à la caution est bien peu de chose, même

dans le système du Code. Les poursuites engagées contre elle suivront leur cours pendant qu'elle agira de son côté contre le débiteur, et elles aboutiront presque toujours avant celles qu'elle intentera contre le débiteur, puisqu'elles ont été entamées plus tôt. Le Code n'atteint donc pas son but, qui est sans doute d'éviter une condamnation à la caution ; et le secours qu'il lui offre est presque toujours illusoire. Elle fera mieux d'invoquer le bénéfice de discussion, ou, si elle y a renoncé, d'appeler le débiteur en garantie : au moyen de cette exception dilatoire, elle arrêtera l'action dirigée contre elle jusqu'au moment où le débiteur, partie dans l'instance, pourra venir la défendre efficacement. Le cas que nous étudions se confondra souvent avec celui que nous étudierons avec le 4° de l'art. 2032, qui prévoit l'hypothèse où la dette cautionnée est devenue exigible par l'échéance du terme sous lequel elle a été contractée. Pour que ce 1° ait une utilité particulière, il faut se trouver dans le cas d'une obligation continue : Pierre a loué une maison à Paul, et Jean a cautionné l'obligation dérivant du bail. Ce dernier est actionné par Pierre, le locateur, qui se plaint que Paul, le locataire, ne satisfait pas aux conditions du bail. C'est en vertu du 1° de notre article que Jean exercera un recours anticipé contre Paul.

2° *Lorsque le débiteur a fait faillite ou est tombé en déconfiture.* Il faut ajouter au texte de la loi : *et que le créancier ne produit pas au passif de la faillite ou de la déconfiture.* Si celui-ci se présente, la caution n'a rien à prétendre sur les biens qui vont être distribués entre les créanciers. La décision contraire amènerait aux résultats les plus singuliers et les plus injustes à la fois. Qu'on suppose en effet un débiteur en faillite. Le passif est de 200 et l'actif de 100. Le taux de la répartition est de 50 p. 100. Un des créanciers, à qui il est dû 30, avait fait cautionner sa créance par Jean. D'après notre solution, Pierre ou Jean (à défaut de Pierre), va se présenter et recevra 15, c'est-à-dire la moitié de ce qui lui est dû. Il sera traité comme les autres créanciers, et rien n'est plus juste que cette égalité établie par la loi entre les victimes d'un même désastre. Si l'on admet au contraire, comme l'a fait le Tribunal de la Seine par un jugement du 1er août 1833, que la créance du créancier et celle de la caution forment deux créances parfaitement distinctes, et peuvent, en conséquence, être produites concurremment au passif d'une même déconfiture (ou faillite), on arrivera à des résultats qu'il suffit de signaler pour en faire voir la flagrante injustice. D'abord la caution sera traitée d'une manière plus favorable que si elle avait payé la dette. Dans ce dernier cas, en effet, le créancier ne pouvant produire au passif, la caution ne toucherait qu'un seul dividende, tandis que dans le cas que nous supposons, le créancier et la caution touchant chacun un dividende, la perte que devra supporter la caution par suite de l'insolvabilité partielle du débiteur en sera diminuée d'autant. Ce singulier résultat ne sera pas le seul auquel abou-

tira le système que nous repoussons. Il faut ajouter
que les autres créanciers verront augmenter ou diminuer leur dividende par suite d'un fait qui ne
devrait y apporter aucune modification, à savoir le
plus ou moins de diligence du créancier qui viendra
ou non, suivant son caprice, produire au passif de
la faillite. Supposons maintenant que le dividende
accordé aux créanciers est supérieur à 50 p. 100. Le
créancier et la caution, produisant tous les deux à
la faillite, recevront à eux deux une somme supérieure au chiffre de la dette. Ces divers résultats,
conséquences nécessaires de la décision du Tribunal
de la Seine, sont inadmissibles, et suffisent, croyons-
nous, pour montrer les vices de cette façon d'interpréter la loi. Nous estimons en conséquence que le
2° de l'art. 2032 n'est applicable que lorsque le
créancier ne produit pas lui-même au passif de la
faillite. Il nous reste à décider, en nous plaçant
dans cette hypothèse, ce que devra faire la caution
de la somme qu'elle a retirée de la faillite. Elle
pourra sans doute la garder jusqu'à ce que le créancier la réclame. Elle devra, au contraire, la lui remettre à première réquisition si la créance est exigible. Si elle est à terme, et que le terme ne soit pas
encore arrivé, nous pensons que la caution sera en
droit de la conserver. Cette opinion n'est pas généralement admise. La plupart des auteurs enseignent
que la caution doit remettre au créancier ce qu'elle
a retiré de la faillite du débiteur, aussitôt qu'elle
en est requise, et dans tous les cas. Mais nous

croyons qu'ils se trompent en donnant cette solution. Ce n'est pas comme subrogée aux droits du créancier que la caution produit au passif, puisqu'elle n'a pas encore payé, et que le paiement est la condition nécessaire de toute subrogation. C'est comme mandataire du débiteur qu'elle a touché un dividende ; elle doit pouvoir le conserver. Le débiteur seul perd le bénéfice du terme par suite de sa faillite ou de sa déconfiture. Si le créancier voulait recevoir un paiement immédiat, il devait produire au passif de la faillite. Ajoutons que cet avantage accordé à la caution n'a rien d'injuste en lui-même : ce sera une légère compensation de la perte qu'elle sera appelée à subir par suite de la faillite du débiteur.

Une dernière remarque nous reste à faire sur le 2° : « Nous pensons que les termes du Code : « lorsque le débiteur *a fait* faillite ou *est* en déconfiture », supposent nécessairement une faillite déclarée ou une déconfiture manifeste. Le danger imminent de l'une ou de l'autre ne suffirait plus, comme en droit romain et dans notre ancienne jurisprudence, pour permettre à la caution d'invoquer un recours anticipé.

3° *Lorsque le débiteur s'est obligé à lui rapporter sa décharge dans un certain temps.* Cette décision a été empruntée à Pothier (n° 444), qui l'admettait sans aucune restriction. Quelques jurisconsultes proposaient de n'avoir aucun égard à la clause par laquelle le débiteur se serait engagé à rapporter à la caution, dans un temps déterminé, la décharge de son cautionnement, lorsque celui-ci accédait à un contrat de rente perpétuelle. « Il est, disaient-ils, de l'essence de la rente constituée que le débiteur ne puisse être contraint à la racheter. Or, autoriser la convention en question, c'est ménager au créancier le pouvoir d'arriver par un moyen détourné au remboursement qu'il ne pourrait pas exiger directement. — Sans doute, répondaient Dumoulin et Pothier, c'est un principe essentiel que le créancier de la rente ne puisse pas forcer le débiteur à la racheter, mais ce n'est pas à dire que le débiteur ne puisse y être contraint par un tiers. Quant à la fraude, on ne peut la supposer gratuitement. Il faut se contenter de la punir quand on la découvre. » Cette controverse n'aurait plus de raison d'être aujourd'hui, alors même que le Code n'aurait pas expressément tranché la question dans le sens de Pothier. Le prêt a intérêt étant permis maintenant, il n'y a pas à craindre que les prêteurs ne cherchent à dissimuler un contrat aujourd'hui parfaitement licite sous les apparences d'une rente constituée. Le Code n'a pas non plus reproduit la règle romaine d'après laquelle il fallait que l'engagement du débiteur de procurer à la caution sa décharge fut pris, sous peine de ne pas être valable au moment même du cautionnement.

4° Lorsque la dette est devenue exigible par l'échéance du terme sous lequel elle a été contractée. — Cette disposition de la loi repose sur une convention que l'on suppose sous-entendue entre les parties. La dette étant déclarée exigible à telle époque, la caution qui l'a garantie a dû penser que sa responsabilité ne dépasserait pas cette limite. Si la caution a garanti une dette périodique, par exemple une rente, elle pourra exercer son recours anticipé contre le débiteur à chaque échéance d'arrérages. Si le débiteur lui accorde une prolongation de délai, nous pensons que cette circonstance ne doit pas empêcher la caution restée étrangère à cet arrangement, de réclamer sa décharge au débiteur principal.

5° *Au bout de dix années, lorsque l'obligation principale n'a pas de terme fixe d'échéance, à moins que l'obligation principale, telle qu'une tutelle, ne soit pas de nature à pouvoir être éteinte avant un temps déterminé.* — Cette disposition contient une règle et une exception. La règle est facile à comprendre ; l'exception est conçue dans des termes qui laissent quelque chose à désirer sous le rapport de la clarté.

Voyons d'abord la règle : la caution peut agir contre le débiteur, même avant d'avoir payé, au bout de dix années, lorsque l'obligation principale n'a pas de terme fixe d'échéance. Le droit romain avait adopté une décision analogue, mais moins précise. Le fidéjusseur pouvait recourir contre le débiteur principal « Si diu in solutione cessabit » Ce manque de précision de la règle romaine amena de graves dissentiments entre nos anciens jurisconsultes. Tandis qu'Henrys et Pothier (n° 443) voulaient laisser aux juges le soin de décider suivant les circonstances. Bartole enseignait qu'un délai de deux ans était à la fois nécessaire et suffisant. Mais l'opinion la plus répandue avait déjà admis le terme de dix ans que nous retrouvons dans l'article 2032. De nos jours il n'y a donc aucune incertitude sur ce point. Mais il n'en est pas de même relativement à l'exception qui se trouve dans l'article à côté de la règle : « à moins que l'obligation principale, telle » qu'une tutelle, ne soit pas de nature à pouvoir » être éteinte avant un temps déterminé. » Voyons d'abord les motifs qui ont dicté cette restriction aux rédacteurs du Code : ils nous serviront de guides dans la solution des espèces délicates. Nos législateurs ont pensé qu'il est humain de donner à la caution le droit de requérir sa décharge, lorsque le débiteur omet, par un retard prolongé de s'acquitter de la dette, sur la prompte extinction de laquelle la caution a dû compter. Mais ils ont pensé qu'il ne serait pas juste d'en faire autant lorsque l'obligation principale n'est pas de nature à pouvoir être éteinte avant un temps déterminé, la nature même de cette obligation ayant averti la caution de la responsabilité qu'elle assumait. En outre, et c'est là une raison plus sérieuse que la précédente, la caution ne peut demander sa libération, parce que le débiteur principal est dans l'impossibilité de la lui procurer, la dette n'étant pas de nature à pouvoir être éteinte actuellement. Ainsi, celui qui cautionne un tuteur (hypothèse rare dans nos mœurs, et que le Code a pris, nous ne savons pourquoi, comme exemple), un usufruitier, le débiteur d'une rente viagère, un mari relativement à la restitution de la dot qu'il a reçue, celui-là doit s'attendre à voir son cautionnement durer aussi longtemps que la vie des premiers et le mariage des derniers.

Il en serait de même de celui qui aurait répondu de la gestion d'un caissier, d'un receveur, ou de tout autre employé, car, si l'obligation principale n'a pas ici non plus de terme fixe d'échéance, il est certain qu'elle prendra fin au moment où expireront les fonctions de la personne cautionnée, ce moment ne dût-il venir qu'à la mort de cette dernière. Faut-il donner la même solution quant aux rentes constituées? Celui qui a cautionné le débiteur de la rente peut-il, après dix ans, contraindre le débiteur à le décharger? Cette question était très controversée dans notre ancien droit. Dumoulin enseignait qu'à défaut de conventions entre les parties, la caution ne pouvait contraindre le débiteur à rembourser la rente, et son opinion était suivie par la jurisprudençe des parlements de Toulouse et de Grenoble. Pothier s'appuyant sur Lacombe et Basnage, était d'un avis contraire : « car, disait-il, s'il est vrai que la rente est de nature à durer toujours, il est vrai aussi qu'elle est de nature à pouvoir toujours être remboursée. » Nous pensons que c'est l'avis de Pothier qui doit être suivi de nos jours, car il est peu probable que la caution ait entendu rester tenue indéfiniment. En outre, rien n'empêche le débiteur de lui procurer sa libération puisqu'il a la faculté de rembourser la rente constituée. La même solution nous semble devoir être admise, par identité de motifs, pour les rentes foncières, pour lesquelles la question ne pouvait se poser autrefois.

Une autre question, vivement débattue aussi, se rattache à celle que nous venons d'examiner. Quels sont les droits de la caution qui a remboursé le créancier de la rente?

Supposons d'abord un remboursement survenu avant l'échéance des dix années. Sans doute la caution ne pourra pas recourir contre le débiteur avant l'expiration de la dixième année. Mais le pourra-t-elle après ? Nous ne le croyons pas, car, en sortant des termes de son contrat de cautionnement, elle l'a pour ainsi dire annulé. Elle s'est mise volontairement à la place du créancier ; elle pourra en exercer les droits. Mais l'action de mandat ne saurait lui appartenir, car le débiteur n'est censé lui avoir donné mandat de rembourser qu'autant qu'il y a nécessité et nullement à son caprice et en temps inopportun. Laissons de côté ce cas très-rare dans la pratique, et voyons une autre hypothèse : La caution a remboursé la rente après l'expiration des dix années. Peut-elle recourir contre le débiteur? Les partisans de la négative invoquent les mêmes raisons que nous venons d'exposer et d'admettre dans le cas d'un remboursement effectué avant l'expiration des dix années. Ils ajoutent que le cautionnement, contrat de bienfaisance, ne peut devenir entre les mains de la caution un moyen de ruiner le débiteur en exigeant de lui un remboursement intempestif. C'est aux juges seuls qu'il appartient, d'après eux, de fixer le montant de l'indemnité à laquelle a droit la caution, et celle-ci doit attendre leur décision. La caution ne peut pas être subrogée légalement, puisqu'elle a payé ce dont elle n'était pas tenue.

Cela nous parait impossible à admettre. Quand dix années se sont écoulées, la caution peut, nous le savons, exiger que le débiteur lui procure sa décharge. Si celui-ci emploie de lui-même dans ce but le moyen qui s'offre le plus naturellement à l'esprit, c'est-à-dire le remboursement, pourquoi lui refuser à priori le droit de recourir contre la caution. Ne vaut-il pas mieux laisser aux juges le soin d'examiner les circonstances, et de décider suivant les cas. Si le débiteur prouve qu'il aurait pu procurer sa décharge à la caution sans être obligé de rembourser le créancier, par exemple en fournissant une autre caution que ce dernier consentait à accepter, les juges décideront qu'il n'y a pas lieu d'accorder le recours, et la caution, qui a payé sans raison valable, devra se contenter d'exercer les droits du créancier désintéressé par elle. Si, au contraire, le débiteur ne peut alléguer aucun motif sérieux pour critiquer le paiement effectué par la caution, nous ne voyons pas pourquoi on ne ferait pas bénéficier celle-ci du recours de droit commun.

Nous avons terminé l'énumération des cinq cas

prévus par le Code. Nous pensons que l'art. 2032,
qui les renferme, doit être considéré comme limi-
tatif. Cet article est exceptionnel et nous savons
que : « exceptiones sunt strictissimæ interpreta-
» tionis. » Cette délimitation est d'ailleurs bien
préférable à la confusion qui régnait à ce sujet
dans notre ancienne jurisprudence. Nous n'insis-
tons pas sur ce point, qui n'est contesté par personne; mais il en est un autre sur lequel on est
loin d'être d'accord : faut-il appliquer l'art. 2032
au tiers qui a hypothéqué son fonds à la dette?
Nous n'hésitons pas à admettre la négative. Nous
n'avons pour cela qu'une seule raison, mais elle est
capitale et prime à nos yeux toutes les autres con-
sidérations. Celui qui garantit la dette d'un tiers
doit en règle générale demeurer obligé aussi longtemps que le débiteur principal. Le Code a, il est
vrai, admis certaines exceptions dans la matière
du cautionnement; mais comme il ne les a pas repro-
duites en traitant des hypothèques, nous ne pouvons suppléer à son silence. Nous ne partageons
d'ailleurs nullement l'opinion émise par M. Pont,
qui, défendant le système que nous soutenons,
cherche à prouver qu'il est basé sur l'équité. Nous
sommes au contraire, sur ce point, d'accord avec
nos adversaires, et nous leur accordons sans peine
que les raisons de décider sont les mêmes, au point
de vue de l'équité, en ce qui concerne la caution et
celui qui a donné une sûreté réelle. Mais ce n'est
pas là un motif suffisant pour étendre d'un cas à

un autre une disposition exceptionnelle. Les partisans de l'opinion contraire à la nôtre ne manquent
pas de citer à l'appui de leur système le changement
d'opinion de M. Dalloz, qui après avoir dans une
première édition critiqué un arrêt de la Cour
Royale de Bruxelles du 2 avril 1810, arrêt contraire
à notre solution, est ensuite revenu à un autre
sentiment dans une nouvelle édition, et s'est rangé
à la doctrine qu'il avait naguère combattue. Mais
ils se gardent bien de citer les termes dans lesquels
cet auteur fait amende honorable, car il n'a pu
trouver une seule raison de droit à l'appui de sa
nouvelle opinion. Il est obligé de se rejeter sur
l'équité, considération qui doit sans doute servir
de guide aux votes du législateur, mais qui ne
saurait suffire à un commentateur pour étendre
arbitrairement une disposition exceptionnelle.

Quant à l'objet et au caractère du recours anticipé, ils sont indiqués par le mot *agir*, employé par
le Code. Aussi, tout en admettant la caution à
employer des mesures conservatoires (telles qu'une
saisie-arrêt), il faut lui refuser le droit de saisir
directement les biens du débiteur. Elle doit *actionner* celui-ci et c'est aux tribunaux qu'il appartient
de prononcer la condamnation d'après les circonstances. Nous ne croyons pas que la garantie que le
débiteur pourrait offrir à la caution doive nécessairement consister en la consignation d'une somme
d'argent ou d'une valeur égale au montant de l'obligation principale. Nous ne voyons aucune raison

valable de refuser aux juges le droit de décider que dans telle ou telle circonstance le débiteur pourra se libérer envers la caution en lui constituant un gage, une hypothèque, ou un nouveau cautionnement.

Il nous reste maintenant à voir quelles sont les cautions qui peuvent invoquer l'art. 2032. Malgré la généralité des termes de cet article, il n'est pas admissible qu'elles en aient toutes le droit. Ainsi la caution qui s'est engagée dans l'intérêt du créancier et celle qui s'est engagée malgré le débiteur ne sauraient être admises à l'invoquer. Quant aux cautions solidaires, la question de savoir si l'article 2032 leur est applicable est vivement controversée. Ceux qui leur refusent le droit de l'invoquer s'appuient sur l'art. 2021, d'après lequel lorsque la caution s'est obligée solidairement, l'effet de son engagement se règle d'après les principes qui ont été établis pour les débiteurs solidaires. Mais il suffit de lire attentivement l'article en question pour voir qu'il n'a trait qu'au bénéfice de discussion. Les rédacteurs de l'art. 2021 ont avec raison considéré comme une renonciation à ce bénéfice le fait pour la caution de s'être obligée solidairement avec le débiteur principal. Ils ne se sont pas préoccupés des conséquences que pourrait avoir sur d'autres points cette stipulation de solidarité. Il ne faut pas perdre de vue que par leur généralité les termes de l'art. 2032 embrassent toutes les cautions solidaires ou non. Si nous ne les appliquons pas à la caution engagée malgré le débiteur, c'est qu'il est impossible de lui donner une action de mandat. Mais quelle raison aurait-on de refuser le recours anticipé à la caution solidaire? Elle est déjà privée des bénéfices de discussion et de division. Il ne serait pas juste que le débiteur, dont elle garantit si efficacement l'obligation, pût se faire une arme contre elle de la solidarité qui se trouve dans le contrat de cautionnement.

Il en est de même pour la femme qui s'est engagée conjointement avec son mari, et qui, d'après l'art. 1431 n'est réputée à son égard s'être obligée que comme caution. Tel est du moins notre avis. Nous devons reconnaître que la jurisprudence est loin d'être fixée sur ce point. Si l'on peut nous opposer un arrêt de la Cour d'Orléans du 1er décembre 1836, et un arrêt de la Cour de cassation du 16 Juillet 1832, nous pouvons invoquer de notre côté deux arrêts de la Cour suprême du 25 mars 1834 et du 2 Janvier 1828. C'est donc dans notre sens que sont rendus les derniers arrêts de la Cour de cassation et voici comment s'exprime le plus récent, celui de 1838 : « Considérant qu'aux termes de l'article 1431, combiné avec l'art. 2032, la femme obligée solidairement avec son mari est considérée comme caution..... » Nous croyons que c'est là une saine appréciation de la portée de l'art. 2032.

TROISIÈME PARTIE

EFFETS DU CAUTIONNEMENT ENTRE LES COFIDÉJUSSEURS

Nous savons qu'en droit romain celui des cofidéjusseurs qui payait plus que sa part dans la dette devait avoir grand soin de se faire consentir par le créancier la cession de ses actions contre ses cofidéjusseurs, et cela sous peine de se voir privé de tout recours contre ces derniers. Notre ancienne jurisprudence ne se montra pas aussi rigoureuse; elle admit que la caution qui avait payé toute la dette pouvait en répéter une part de chacun de ses cofidéjusseurs. Ce n'était pás, il est vrai, au moyen de la subrogation légale que pouvait agir la cantion, puisque, comme nous l'avons vu, notre ancien droit s'était refusé à adopter les idées si sages, mais si maladroitement présentées par Dumoulin. C'était une action de gestion d'affaires que Pothier (n° 445) donnait à la caution, celle-ci ayant bien certainement fait l'affaire des autres en les libérant. C'est ce que disait l'art. 194 de la coutume de Bretagne: « Il aura recours vers les autres » pleiges pour leur portion, sans qu'il soit besoin » d'avoir d'autre cession du créancier. » Cette action lui est encore attribuée sous l'empire du

Code. Elle a de plus la subrogation légale, et peut, par conséquent, tendre au même but par deux voies différentes.

Pour que la caution ait le droit de recourir contre ses cofidéjusseurs, il n'est pas nécessaire qu'elle ait payé toute la dette; il suffit qu'elle ait payé plus que la part qu'elle avait eu à supporter dans le cas où elle eut pu et voulu invoquer le bénéfice de division. Mais il faudra que le paiement ait été fait en temps opportun : ce recours n'a lieu que lorsque la caution a payé dans l'un des cas énoncés dans l'article précédent. » Telle est la disposition de l'art. 2033, qui tranche de la façon la plus nette une controverse de nos anciens auteurs. Les uns voulaient accorder le recours à la caution, avant qu'elle eut payé, dans le cas où elle aurait eu un péril à courir. Pothier (n° 446) condamnait avec raison cette trop grande facilité laissée à la caution. Il était d'avis de ne lui accorder de recours que si elle était sous le coup des poursuites du créancier. Les rédacteurs du Code n'ont pas cru devoir sanctionner cette disposition. Ils avaient sous les yeux le texte de Pothier, et se sont servis de termes qui montrent bien leur intention de ne pas le suivre. Il faut donc que la caution ait payé pour avoir le droit de recourir contre ses cofidéjusseurs. Il faut en outre, comme nous l'avons dit, qu'elle ait payé dans l'un des cinq cas prévus par l'art. 2032. Quelques auteurs ont prétendu que dans le troisième et le cinquième de ces cas, il n'y avait pas lieu d'accorder un recours à la caution. Il est impossible de s'arrêter à une opinion aussi formellement en désaccord avec le texte de l'art. 2033. Au texte si clair et si précis viennent d'ailleurs s'ajouter les paroles prononcées au tribunat par le tribun Chabot, qui non content de renvoyer, comme le fait le Code, à l'article précédent, reprend à dessein l'énumération contenue dans cet article.

Il ne s'agit dans tout ce qui précède que de la subrogation légale. Si la caution s'est fait accorder la subrogation conventionnelle, elle aura à l'échéance de la dette un recours contre ses cofidéjusseurs, quelles que soient les conditions où elle s'est trouvée au moment du paiement.

Le recours accordé à la caution qui paie peut-il être exercé par elle contre les autres fidéjusseurs alors que ceux-ci se sont engagés postérieurement à elle ? Ces fidéjusseurs peuvent prétendre que la caution qui a payé, n'étant intervenue qu'après eux, n'a pu compter sur leur concours et qu'elle ne peut se prévaloir des conventions qui lui sont étrangères. Mais il n'y a pas lieu de s'arrêter à une pareille prétention. Le motif principal du recours accordé à la caution, c'est qu'il est juste que tous ceux qu'elle a libérés en payant supportent contributoirement avec elle la charge de ce paiement, et ce motif existe dans tous les cas où elle a payé, car elle a libéré aussi bien les cautions engagées après elle que celles dont l'engagement est antérieur ou concomittant au sien. Au surplus il ne nous est pas permis d'ajouter au texte de la loi une distinction qu'elle ne mentionne pas, et l'art. 2033 ne fait aucune allusion à la date des cautionnements.

L'art. 2033 ne prévoit que le cas où plusieurs personnes ont cautionné un même débiteur pour une même dette ; de là la question de savoir ce qu'il faut décider dans le cas où il y a plusieurs codébiteurs solidaires dont chacun a fourni une caution particulière qui n'a cautionné que lui. Nous pensons que si l'une de ces cautions acquitte la dette, elle pourra recourir contre les cautions des autres codébiteurs, comme elle pourrait le faire contre ceux-ci. C'est du chef du débiteur cautionné par elle qu'elle aura ce droit.

Si la caution qui a payé s'était fait consentir par le créancier une subrogation conventionnelle, nous ne lui accorderions pas pour cela le droit d'agir pour la totalité de la dette, déduction faite de sa part, contre l'un de ses cofidéjusseurs. L'art. 2038 le décide expressément, quand il a lieu à la subrogation légale ; et cela afin d'éviter un circuit inutile. d'actions. Or la même raison subsiste dans le cas de subrogation conventionnelle. Nous avons d'ailleurs admis que celle-ci ne peut être plus étendue que la subrogation légale.

Une difficulté très-sérieuse se présente dans le cas où la caution se trouve en présence, non plus d'un cofidéjusseur, mais d'un tiers détenteur d'un immeuble hypothéqué à la dette. Nous croyons

que c'est l'art. 2037 qui doit nous servir principalement à résoudre cette question délicate. Nous allons
donc l'étudier tout d'abord. Toutefois, comme il
n'est pas à proprement parler, compris dans les
effets du cautionnement, nous nous bornerons à
un exposé succinct des principales difficultés qui
s'élèvent à ce sujet. Après nous être rendu compte
de la portée de cet article, nous verrons quel parti
il convient d'en tirer pour la solution de la difficulté
que nous venons d'indiquer.

Nous avons vu qu'en droit romain le fidéjusseur
ne pouvait obliger le créancier qu'à lui céder les actions telles qu'il les avait, sans pouvoir rien exiger
de plus. Il en était autrement pour le *mandator
credendæ pecuniæ*, qui était libéré de son obligation
de garantie envers son mandataire, lorsque celui-ci
s'était mis, par son fait ou sa faute, dans l'impossibilité de lui céder ses actions contre l'emprunteur.
Cette solution était l'application à un cas particulier de ce principe commun à tous les contrats
synallagmatiques, savoir, que celle des parties qui
n'exécute pas ses obligations ne peut pas forcer
l'autre à exécuter les siennes.

Nous savons par Pothier (n° 557) que c'est au
mandatum credendæ pecuniæ, que notre ancienne
jurisprudence emprunta sur ce point les règles du
cautionnement : « Lorsque le créancier, dit-il, s'est
mis par son fait hors d'état de pouvoir céder au
fidéjusseur ses actions, soit contre le débiteur principal, soit contre les autres fidéjusseurs, soit parce

qu'il les a déchargés, soit parce qu'il a, par sa faute, laissé donner congé de sa demande contre eux, le fidéjusseur peut, *per exceptionem cedendarum actionum*, faire déclarer le créancier non recevable en sa demande pour ce qui aurait pu procurer au fidéjusseur la cession des actions que le créancier s'est mis hors d'état de pouvoir lui céder. »

Sous l'empire du Code, la subrogation a lieu de plein droit, comme nous l'avons vu, ce qui a rendu en principe inutile, l'*exceptio cedendarum actionum*. On peut cependant considérer comme faisant en quelque sorte revivre cette exception, l'art. 2037, qui est ainsi conçu : « La caution est déchargée lorsque la subrogation aux droits, hypothèques et priviléges du créancier, ne peut plus, par le fait de ce créancier, s'opérer en faveur de la caution. »

Rien de plus juste que cette disposition du Code. Il est tout naturel de supposer qu'en intervenant pour cautionner une obligation, la caution a dû compter sur les autres sûretés qui garantissaient la même dette, et que la subrogation lui assurait. Toutefois le texte de l'art. 2037, qui paraît très-simple au premier abord, donne lieu à plusieurs difficultés.

On a prétendu que cet article ne s'appliquait pas aux cautions solidaires, et on a invoqué l'art. 2021 à l'appui de cette affirmation. Nous ne nous arrêterons pas à cet argument que nous avons écarté par avance en étudiant une question analogue sur la portée de l'art. 2032. Nous croyons avoir suffisamment démontré alors que l'art. 2021 s'applique exclusivement au bénéfice de discussion. Mais nos adversaires présentent un autre argument qu'il convient d'examiner. Le bénéfice de discussion, disent-ils, dérive de la nature de l'obligation née du cautionnement, qui est subsidiaire et conditionnelle. Aussi décharge-t-on la caution de son engagement lorsque le créancier a par sa faute compromis l'exercice de ce bénéfice. Ceci admis il doit en résulter que la stipulation d'une clause de solidarité faisant perdre à la caution le droit au bénéfice, son engagement devient par suite direct et principal : elle ne peut dès lors demander sa décharge, sous prétexte que l'insolvabilité du débiteur résulte en fait du créancier, celui-ci ayant laissé perdre ou diminuer les sûretés, qui protégeaient originairement la créance.

Nous croyons que ce raisonnement pèche par la base, et que le bénéfice de discussion est tout à fait indépendant du bénéfice *cedendarum actionum*. Nous ne voyons dans l'art. 2037 qu'un corollaire de la subrogation établie par l'art. 2029 en faveur de la caution : aussi admettons-nous que la caution solidaire qui peut l'invoquer peut également se prévaloir de l'art. 2037. Remarquons en outre que la généralité des termes de cet article est tout à fait favorable à l'interprétation que nous en donnons.

Nous ne l'étendrons pas toutefois en dehors des cas où il y a un véritable cautionnement. Nous refuserons par conséquent le bénéfice de l'art. 2037 au débiteur solidaire.

Celui-ci a droit, il est vrai, à la subrogation (1251 3°) ; mais en la lui accordant, le Code n'a point imposé au créancier l'obligation de conserver les sûretés attachées à sa créance, et nous n'avons pas le droit d'appliquer à une autre matière les règles que la loi établit pour le cautionnement. Nous en dirons autant de celui qui a hypothéqué ses biens pour garantir la dette d'autrui, car ce n'est point là une caution dans le sens de la définition de l'art. 2011 ; et du tiers détenteur, car il n'y a aucune raison de lui appliquer par analogie la disposition établie par la loi en faveur des cautions. D'ailleurs, en ce qui concerne ce dernier, pourquoi lui accorderait-on le droit de repousser les poursuites intentées contre lui. La loi lui offrait un moyen bien simple de se mettre à l'abri de tout désagrément de ce genre. Il n'avait qu'à accomplir les formalités de la purge. S'il a eu le tort de ne pas le faire, il est le seul coupable et ne doit s'en prendre qu'à lui des résultats de sa négligence.

Les auteurs ne sont pas d'accord sur le point de savoir quelles sont les sûretés auxquelles notre article fait allusion. Les uns s'attachent aux traditions de notre ancienne jurisprudence, et suivent l'avis de Pothier (n° 520 et 581) : celui-ci soutient que le fidéjusseur ne peut se prévaloir de ce que le créancier a sacrifié ou laissé perdre des garanties qui n'existaient pas au moment de la fidéjussion et qui n'ont été acquises que depuis. Le fidéjusseur n'a pu, dit-il, compter que sur la cession des garanties et sûretés existantes au moment où il s'est engagé avec le créancier. Mais comment aurait-il pu fonder des espérances sur les garanties et sûretés que le créancier ne s'est fait donner que plus tard. Évidemment, le fidéjusseur ne peut dire qu'elles ont été la condition de son engagement, et, dès lors, le créancier ne lui fait aucun tort en y renonçant. Nous ne croyons pas que ce système soit bon et malgré l'autorité que peuvent tirer ses partisans de plusieurs arrêts de la Cour de cassation, nous préférons l'opinion contraire qui ne distingue pas entre les droits et sûretés existant avant le cautionnement ou constitués en même temps que lui, et ceux qui sont postérieurs à cette époque.

La caution a parfaitement le droit de dire, à notre avis, qu'en s'engageant elle n'a pas compté seulement sur les garanties alors existantes, mais sur toute l'utilité que pouvait lui procurer la subrogation ; qu'elle avait compté et dû compter, non pas sur une subrogation partielle, mais sur une subrogation complète des droits du créancier ; que le bénéfice de cette subrogation avait été pour elle la condition de son engagement. Elle peut dire, en un mot, que l'obligation de payer la dette, qui lui est imposée, est corrélative à celle imposée au créancier, de lui conserver les avantages de la subrogation. Remarquons, d'ailleurs, que la disposition de l'art. 2037 est générale, et n'établit aucune distinction entre les époques où ont été acquis les droits et sûretés ga rantissant le cautionnement. Il nous semble que si les rédacteurs du Code avaient eu l'intention de restreindre les droits de la caution sur ce point, ils n'auraient pas manqué de s'expliquer à ce sujet.

Lorsque la subrogation aux droits du créancier n'est devenue impossible que pour partie, la caution n'est affranchie de son engagement que dans la même proportion. Et dans le cas même où la subrogation serait devenue impossible pour le tout, la caution n'en resterait pas moins obligée, si cette impossibilité ne lui causait aucun préjudice, à raison de l'inefficacité des sûretés auxquelles le créancier aurait renoncé.

Il nous reste à voir, relativement à l'art. 2037 quels sont les actes susceptibles de faire perdre au créancier son action contre la caution. Il va sans dire que tout fait positif du créancier entraînant la perte des sûretés et rendant par suite la subrogation inefficace, a pour résultat la déchéance de celui-ci. Il n'y a de doute qu'en ce qui concerne les conséquences de l'omission ou de la négligence du créancier. Pothier (n° 557) est d'avis que ce dernier n'en est point responsable, car, suivant lui, le créancier n'est obligé à la cession de ses actions que par une pure raison d'équité, et il suffit qu'il ne fasse rien de contraire à la bonne foi. Plusieurs auteurs suivent l'avis de Pothier, en se fondant sur les termes de l'art. 2037, qui se sert du mot fait. Cette doctrine, à laquelle la jurisprudence s'est presque toujours montrée contraire, ne nous paraît pas devoir être suivie. C'est bien mal à propos que ses partisans invoquent le mot *fait* qui se trouve dans la loi. Les rédacteurs du Code, ayant sous les yeux Pothier qui emploie l'expression *fait positif*, ont au contraire, il nous semble, voulu étendre la portée trop restreinte de ces deux mots, et le mot *fait*, qu'ils ont employé tout seul, comprend tout aussi bien le fait d'omission que le fait positif. Mais ce qui est bien plus sérieux que cet argument de texte, c'est la disposition de l'art. 1383 qui nous paraît trancher la question dans notre sens d'une façon irréfutable : « Chacun est responsable du dommage qu'il a causé, non-seulement par son fait, mais encore par sa négligence ou par son imprudence. »

Nous avons terminé notre examen de l'art. 2037. Les limites de cette étude nous ont obligé à le faire très-rapidement. Nous croyons cependant avoir suffisamment établi sa portée pour en tirer le principal élément de la solution de la difficulté qu'il nous reste à résoudre au sujet des effets du cautionnement.

Il s'agit de savoir quel est l'effet de la subrogation entre les cautions et les tiers détenteurs. Si le tiers détenteur paie la dette, peut-il recourir contre la caution ? S'il le peut, quelle sera l'étendue de ce recours ? Sera-ce un recours pour le tout, ou un recours fractionné ? Réciproquement, si c'est la caution qui paie, pourra-t-elle recourir contre le tiers détenteur?

Ceux qui tranchent la question en faveur du tiers détenteur raisonnent ainsi : aux termes de l'article 2170 « le tiers détenteur qui n'est pas personnellement obligé à la dette, peut s'opposer à la vente de l'héritage hypothéqué qui lui a été transmis, s'il est demeuré d'autres immeubles hypothéqués à la même dette dans la possession *du principal ou des principaux obligés*, et en requérir la discussion préalable. » Cette disposition fait comprendre la pensée de la loi. La caution se trouvant comprise dans cette désignation : *les principaux obligés*, ce droit de discussion accordé au tiers détenteur contre elle montre que le Code a voulu mettre le fardeau de la dette exclusivement à la charge de la caution, sauf le recours de celui-ci contre le débiteur.

Ce raisonnement nous paraît pécher par la base, Sur quoi peut-on appuyer cette affirmation que la caution se trouve comprise dans les termes dont se sert l'art. 2170? Comment peut-on soutenir que la caution est un obligé principal, alors que le Code, dans maint article, prend soin de les opposer l'un à l'autre? Nous avons vu d'ailleurs en étudiant l'art. 2037, que l'hypothèque qui assurait, dans l'intérêt du créancier, l'exécution de l'obligation, est également la garantie future de la caution. Si le créancier la laisse éteindre, la caution est déchargée. Le tiers détenteur n'a, du reste, aucun motif de se plaindre de la situation qui lui est faite. Il avait la ressource de la purge.

Que n'en a-t-il usé? Sa négligence ne doit pas avoir pour résultat d'aggraver la situation de la caution.

Mais, nous dit-on, l'art. 2037 a été en partie abrogé par l'art. 2170 : le créancier est tenu, il est vrai, sous peine de déchéance, de conserver au profit de la caution l'hypothèque dont sont grevés les biens restés en la possession du débiteur, mais il peut impunément perdre celle qui frappe les immeubles possédés par des tiers acquéreurs; et l'art. 2170 prévient la caution qu'elle ne doit pas compter sur cette garantie particulière.

Nous ne pouvons admettre cette prétendue abrogation : on sait que l'art. 2037 n'est que la reproduction de notre ancien droit, et Pothier nous apprend que le créancier encourt déchéance lorsqu'il se trouve, par son fait, dans l'impuissance de subroger la caution, soit à son droit de préférence contre les autres créanciers, soit à son droit de suite contre les tiers détenteurs. L'art. 2037, par la généralité de ses termes, énonce une règle tout aussi absolue. Comment croire que les rédacteurs du Code, après avoir adopté dans la matière du cautionnement les règles de l'ancien droit sur ce point, aient eu la singulière idée d'en aller cacher l'abrogation partielle dans un article étranger à la matière. S'ils avaient voulu revenir sur les principes si sages admis dans notre ancienne jurisprudence et précédemment consacrés par eux, ils l'auraient certainement fait en termes suffisamment précis pour ne laisser place à aucun doute.

A défaut de l'art. 2170 on invoque contre nous l'art. 2023, et l'on dit : la caution ne peut pas renvoyer le créancier à discuter le tiers détenteur ; donc c'est à la caution à supporter le fardeau de la dette.

Nous avons par avance écarté cette objection lorsque nous avons étudié les motifs qui ont fait admettre le bénéfice de discussion. Nous avons dit alors que ce bénéfice, étant une faveur accordée à la caution, ne doit pas être préjudiciable au créancier. Celui-ci doit pouvoir discuter facilement et promptement les biens qu'on lui indique : voilà pourquoi la caution n'est pas admise à désigner les biens hypothéqués à la dette qui ne sont plus en la possession du débiteur.

Nos adversaires nous opposent une dernière objection. Laissant de côté les divers arguments que nous venons de réfuter, pour se placer exclusivement sur le terrain de la subrogation, ils raisonnent ainsi : la loi subroge le tiers détenteur qui désintéresse le créancier ; or, aux termes de l'art. 1252, la subrogation produit son effet tant contre la caution que contre le débiteur ; donc le tiers détenteur succède au droit qu'avait l'ancien créancier de se faire payer par la caution.

Nous ne croyons pas qu'il soit possible de trouver dans les principes généraux de la subrogation la solution de la difficulté que nous étudions. Qu'on réfléchisse en effet aux singuliers résultats auxquels on arrive ainsi. S'il est vrai que le tiers détenteur qui a désintéressé le créancier soit subrogé aux

droits de celui-ci, il est également vrai que la caution, quand c'est elle qui paie, succède aux droits du
créancier. Ainsi, si l'on veut résoudre la question du
recours par les principes rigoureux de la subrogation on est forcé d'en conclure qu'entre le tiers détenteur et la caution, c'est celui qui aura été poursuivi le premier par le créancier qui échappera en
définitive au fardeau de la dette, puisqu'il pourra
recourir contre l'autre.

Nous ne pouvons nous résoudre à accepter une
pareille solution, et à faire dépendre du hasard, du
caprice ou de la fraude du créancier la solution
d'une question aussi grave. Nous estimons que la
personne qui se porte caution d'une dette hypothécaire promet l'exécution complète, soit de l'action
personnelle, soit de l'action hypothécaire ; que dès
lors si le créancier est payé avec l'argent provenant
de la vente d'un immeuble hypothéqué, saisi sur le
débiteur ou entre les mains d'un tiers acquéreur, la
dette a été payée de la manière qu'elle devait l'être,
comme la caution a garanti qu'elle le serait. Celle-ci
est donc déchargée, puisque ce qu'elle avait promis
est accompli, et la subrogation n'a pu transmettre
au tiers détenteur qui a payé ou qui a été exproprié,
le droit de la poursuivre. S'il en était autrement, si
le tiers détenteur pouvait poursuivre la caution,
celle-ci, invoquant l'art. 2037, obligerait le créancier
à lui restituer à titre d'indemnité ce qu'elle aurait
payé au tiers détenteur, et la subrogation se trouverait ainsi avoir nui au créancier, ce qui, nous le

savons, est absolument contraire au principe de l'art. 1252.

Nous admettons donc que le tiers détenteur ne peut pas recourir contre la caution. Quant au recours de la caution contre le tiers détenteur, il nous semble impossible de le nier, en présence des termes de l'art. 2037 que nous persistons à trouver décisifs.

M. Mourlon, qui défend le système que nous venons d'exposer, le modifie dans le cas où l'hypothèque est postérieure au cautionnement, en se fondant sur ce que dans ce cas on ne peut pas dire que la caution s'est déterminée à intervenir en considération de l'hypothèque. Il admet alors que la perte doit être partagée entre la caution et le tiers détenteur, proportionnellement à la valeur de l'immeuble, pour ce dernier, et au montant de la dette, pour la caution. Nous ne saurions admettre cette limitation arbitraire de l'art. 2037. Nous avons exposé, en l'étudiant, les raisons qui nous engagent à l'entendre dans le sens le plus large, celui qui s'offre tout naturellement à l'esprit quand on le lit. Nous ne reviendrons pas sur ce point.

Toutefois il importe de remarquer que dans tout ce qui précède nous avons supposé en présence de la caution le tiers détenteur d'un immeuble hypothéqué par un autre que par lui-même. Si nous admettons maintenant qu'il s'agisse d'un tiers qui a lui-même hypothéqué son immeuble pour garantir l'acquittement d'une obligation, nous nous trouvons en présence d'une difficulté bien plus grande encore. Nous ne pouvons plus ici, comme dans l'hypothèse précédente, dire au tiers détenteur : « à chacun sa garantie. » La caution a l'hypothèque, vous aviez la purge. Pourquoi n'avez-vous pas employé le moyen que vous offrait la loi pour vous mettre à couvert. Nous croyons qu'il est impossible de concilier d'une façon satisfaisante, au point de vue juridique, ces droits rivaux et également respectables. Nous pensons que parmi les divers expédients qui ont été proposés, le plus acceptable est celui qui consiste à répartir le fardeau de la dette entre la caution et le tiers détenteur de la manière suivante : par portions égales, si la valeur de l'immeuble hypothéqué est égale ou supérieure au montant de la dette ; et si cette valeur lui est inférieure, proportionnellement au montant de la dette, pour la caution, et à la valeur de l'immeuble hypothéqué, pour le tiers détenteur qui a constitué l'hypothèque.

APPENDICE

DES EFFETS DE L'AVAL

Nous croyons qu'il est utile de rapprocher de ce que nous venons de dire du cautionnement en matière civile quelques notions sur les effets de l'aval, sorte de cautionnement par lequel un tiers garantit le paiement d'une lettre de change.

Dans les anciens usages du commerce, la caution d'une lettre de change s'engageait en faisant suivre la signature du tireur, de l'endosseur ou de l'accepteur qu'elle entendait cautionner, de ces mots : *pour aval*, ou, *pour servir d'aval.* Quelquefois même elle se contentait d'apposer sa signature à côté de celle qu'elle entendait garantir. L'effet de ces diverses formes de cautionnement était très-satisfaisant au point de vue de l'acquéreur de la lettre de change, qui en voyait ainsi la valeur solidement garantie. Mais elles offraient un sérieux inconvénient en ce qu'elles faisaient naître des doutes sur la solvabilité de la personne cautionnée.

Pour obvier à cet inconvénient, on imagina, sur la fin du XVIIe siècle, une nouvelle forme de cautionnement, que Pothier nous présente comme beaucoup plus fréquemment employée que celle que nous venons de citer : au lieu d'apposer sa signature sur la lettre de change même, le donneur d'aval s'engageait par acte séparé. Il en résultait que le cautionnement donné de cette manière, n'étant pas connu des tiers, ne portait aucune atteinte au crédit de la personne cautionnée. Les effets de l'aval ainsi donné étaient ceux du cautionnement ordinaire.

Lorsqu'il s'agit de rédiger un Code de commerce, les uns auraient voulu que l'aval ne pût être donné que par un écrit séparé. C'est même en ce sens qu'était rédigé le projet primitif. Les autres réclamaient au contraire la suppression de cette manière de donner l'aval, et voulaient qu'il ne pût être constitué que sur la lettre de change même. Les rédacteurs du Code de commerce prirent le sage parti de n'exclure aucun des deux modes jusque-là autorisés, et déclarèrent dans l'art. 142 que les effets produits seraient les mêmes dans l'un et l'autre cas, au point de vue de la solidarité, des actions auxquelles seraient soumis les donneurs d'aval, et de la contrainte par corps.

On a soutenu, depuis le Code, qu'une simple signature apposée par le tiers intervenant au bas de celle du tireur, de l'accepteur ou d'un endosseur, ne suffisait point à elle seule pour constituer un cautionnement valable, et qu'il fallait nécessairement que l'intention du donneur d'aval fut expressément manifestée. Mais par un arrêt du 22 novembre 1811, la Cour de Colmar, à qui cette question fut soumise, a décidé que dans le silence du Code de commerce sur ce point, on devait penser qu'il n'était pas dérogé à l'usage, reçu de tout temps par le commerce, de donner l'aval par simple signature. Toutefois il faudra soigneusement distinguer l'aval donné dans cette forme de l'endossement irrégulier qui, dans les usages du commerce, s'opère souvent de la même manière et vaut comme procuration, soit pour toucher le paiement de la lettre de change, soit pour la négocier.

M. Pardessus, (Cours de droit com.) indique une règle d'interprétation dont il ne faut pas s'écarter : « Lorsque la signature qu'on veut faire considérer comme un aval a été apposée sur la lettre de change avant qu'elle fut endossée, ou si elle se trouve au bas de la lettre à la suite de la signature du tireur ou de l'accepteur, elle ne peut être autre chose qu'un aval. Mais lorsqu'elle est à la suite de la signature de l'un des endosseurs, il faut voir si cette signature est celle de la personne à qui l'endossement transmet la lettre, ou celle d'une autre personne. Au premier cas, c'est un endossement imparfait ; on ne peut le réputer aval, puisque cette personne ne peut cautionner envers elle-même la cession qui lui a été faite ; au second cas, ce sera un aval, puisque la signature ou l'écrit ne pourrait pas avoir été donné dans une autre intention, »

En déclarant que le donneur d'aval est tenu solidairement et par les mêmes voies que les tireurs et endosseurs, l'art. 142 a soin d'ajouter cette importante restriction : « sauf les conventions différentes des parties. »

Ainsi le donneur d'aval peut se soustraire, par une stipulation expresse, à quelques-unes des conséquences de la lettre de change. Il ne saurait être question aujourd'hui de la contrainte par corps, abolie par la loi du 22 juillet 1867. « en matière commerciale, civile et contre les étrangers. » (art. 1.) En ce qui concerne les bénéfices de discussion et de division, nous avons constaté en les étudiant que le donneur d'aval ne peut les invoquer en principe. Mais, en s'autorisant de l'art. 142 du Code de commerce, il peut stipuler que, poursuivi faute de paiement à l'échéance, il aura le droit d'exiger la discussion préalable du tireur, de l'endosseur ou de l'accepteur qu'il a cautionné. De même pour le bénéfice de division, que les divers donneurs d'aval pour un même obligé peuvent stipuler du porteur de la lettre de charge (ou de son subrogé.) L'aval peut ainsi dégénérer en cautionnement ordinaire. C'est ce qu'a décidé la Cour de cassation qui a eu à se prononcer sur la valeur de la clause suivante : « le donneur d'aval déclare garantir la lettre de change jusqu'à son échéance et en cas de non-paiement à cette époque. » La Cour suprême a confirmé un arrêt de la Cour d'Amiens, qui lui-même infirmait un jugement du tribunal de Beauvais. Le jugement considérait comme non avenue la clause précitée : « Attendu que les donneurs d'aval sont tenus solidairement » (art. 142 du Code de com.). Mais la Cour de cassation s'exprime ainsi : « attendu que les obligations résultant de l'aval sont réglées par les conventions des parties ; que ce n'est qu'en l'absence de toute stipulation que la loi les assimile à celle du tireur et de l'endosseur ; que, suivant les stipulations de l'acte en question, le donneur d'aval ne garantit les valeurs remises en paiement que jusqu'à leur échéance et en cas de non-paiement à cette époque ; que l'obligation du donneur d'aval se trouve ainsi limitée... » (Arrêt du 10 mai 1858.)

Le donneur d'aval peut ainsi restreindre les effets de son engagement alors même qu'il l'a donné sur la lettre de change. Nous avons déjà signalé cette conformité dans les effets de l'aval, quelle que soit la manière dont il ait été constitué. Mais il ne faut pas croire qu'il en soit ainsi pour tous les effets.

En dehors de la solidarité et des actions auxquelles est soumis le donneur d'aval, les deux manières de s'engager produisent des effets bien différents.

1° On peut, par un acte séparé garantir, le paiement de plusieurs lettres de change par un seul et même aval, tandis que, quand l'aval est donné sur le titre, il faut autant de signatures distinctes qu'il y a de lettres de change. Cet avantage de la première manière sur la seconde la rend naturellement beaucoup plus fréquente dans la pratique. Elle est même la seule qu'il soit possible d'employer pour garantir le paiement d'une lettre de change non encore créée, en admettant même la validité d'un semblable aval. Cette validité d'un cautionnement antérieur à l'obligation principale, généralement admise pour le cautionnement ordinaire, doit-elle l'être relativement à l'aval? Plusieurs auteurs ont prétendu le contraire, mais la Cour de cassation, par un arrêt du 11 juillet 1859, s'est nettement prononcée dans le sens de l'affirmative : « Attendu, dit l'arrêt, que l'aval donné pour des effets de commerce à créer constitue une obligation soumise à une condition suspensive, c'est-à-dire à la création de ces effets; mais que l'accomplissement de la condition rend l'obligation définitive et ne permet plus à celui qui l'a contractée de se soustraire à son exécution... » Cet arrêt établit, comme on le voit, de la manière la plus formelle, que l'aval peut s'appliquer à des lettres de change non encore tirées. Il est vrai que dans l'espèce soumise à la haute appréciation de la Cour suprême se trouvait cette circonstance particulière que les effets pour lesquels l'aval avait été donné devaient être souscrits, pour le nom et au compte du débiteur principal, par le donneur d'aval lui-même, et que celui-ci restait ainsi maître de limiter son engagement. Mais bien que la Cour de cassation ait relevé cette circonstance particulière à la cause, nous ne trouvons rien dans les termes de son arrêt qui nous autorise à croire qu'elle donnerait une décision différente pour le cas où le *quantum* de l'engagement serait indéterminé. Nous ne voyons d'ailleurs, quant à nous, aucune raison de distinguer en ce cas l'aval du cautionnement ordinaire.

2° L'aval peut être donné par simple lettre missive. Plusieurs arrêts l'ont formellement décidé, entre autres un arrêt de la Cour de Riom, du 19 juin 1849. Dans ce cas il est considéré comme donné uniquement en considération de celui à qui la lettre missive est adressée. Donné sur la lettre de change, il est, sauf stipulations contraires, considéré comme donné en faveur de tout porteur du titre. Si les parties emploient un troisième moyen, consistant à donner et à recevoir l'aval par un acte séparé autre qu'une lettre missive, elle devront avoir soin de prévenir, par les termes qu'elles emploieront, le doute qui pourrait s'élever sur la question de savoir si elles ont voulu créer une garantie personnelle à l'un des porteurs, ou commune à tous.

Quand l'aval est donné, *in personam*, le donneur d'aval ne peut être actionné que par celui envers qui il s'est engagé ; et, conformément au droit commun, il ne pourra, lui, l'actionner qu'autant qu'il aura été dans la nécessité de rembourser le montant de la lettre de change, ou que du moins il sera poursuivi en paiement. Quant au porteur non payé à l'échéance qui voudrait recourir contre le donneur d'aval du chef de l'ancien porteur personnellement cautionné, il le pourrait sans doute, mais il serait passible des mêmes exceptions que le donneur d'aval aurait pu opposer à cet ancien porteur ou à un porteur intermédiaire.

Supposons la lettre de change échue. Le cautionnement ordinaire peut-il seul s'y appliquer? Ou bien peut-elle être encore garantie par un aval? Nous croyons que cette dernière solution est préférable, et que si les obligations résultant de la lettre de change sont, en principe, comme toutes autres obligations, éteintes par le paiement, elles ne le sont pas du moins par le refus de paiement de la somme exigible. C'est en ce sens que s'est prononcé la Cour de Poitiers, par arrêt du 16 décembre 1847.

Nous pouvons citer à l'appui de cette décision, quatre arrêts, entre autres, de la Cour de cassation : 22 mars 1853; 29 août 1854; 25 juillet 1855 ; 18 août 1858. Ces arrêts ont été rendus, il est vrai, en matière d'endossement et non en matière d'aval, mais nous croyons d'autant mieux pouvoir les invoquer en faveur de notre doctrine, que parmi les divers *attendus*, revient constamment cette phrase ou d'autres équivalentes : « La lettre de change, une fois échue, n'en conserve pas moins son caractère et ses effets.» Il nous semble évident que cette décision de la Cour suprême entraîne forcément une solution affimative dans la question de savoir si un aval peut être donné pour une lettre de change échue.

Nous avons déjà cité le texte de l'art. 142, qui assimile le donneur d'aval aux tireurs et endosseurs qu'il cautionne. Nous en tirerons une conséquence importante : en cas de protêt faute d'acceptation, le donneur d'aval pourra être contraint à payer sans délai, même avant l'échéance, comme le tireur et l'endosseur. C'est dans ce sens que s'est prononcé la Cour de Toulouse, par arrêt du 12 octobre 1827, et nous croyons, comme elle, que l'aval doit être considéré comme comprenant toutes les obligations contractées par les souscripteurs de la lettre de change. Ceux-ci contractent l'obligation de faire accepter le titre (art. 120), en même temps que celle de la faire payer. Il doit en être de même du donneur d'aval. Nous supposons, bien entendu, que le donneur d'aval s'est engagé d'une manière indéterminée. Il en serait autrement s'il avait pris soin de ne s'obliger *qu'à défaut de paiement à l'échéance.*

Cette assimilation établie par l'art. 142 entre le donneur d'aval et les tireurs et endosseurs qu'il a cautionnés va nous servir à trancher la question suivante : Faut-il que pour conserver ses droits contre le donneur d'aval, le porteur de la lettre de change fasse ses diligences contre lui personnellement. L'Ordonnance de 1673 (titre V, art. 32) obligeait le porteur à faire signifier ses diligences *à celui qui avait signé* le billet de change, ce qui, d'après l'interprétation communément admise, comprenait les donneurs d'aval. L'art. 103 du projet de Code de commerce de l'an X portait « qu'à de-
» faut de paiement et s'il n'y avait stipulation con-
» traire, les poursuites contre les donneurs d'aval
» devaient être faites dans les délai prescrits pour
» le paiement des lettres de change. » Le législateur n'ayant pas conservé cette disposition dans la

rédaction définitive du Code, on a prétendu qu'il avait entendu l'abroger. D'ailleurs, dit-on, le donneur d'aval, étant une caution solidaire, ne peut opposer que les exceptions qui appartiennent à celui qu'il a cautionné, et les diligences faites contre le principal obligé étant censées faites contre la caution, il ne peut pas repousser l'action intentée contre lui, sous prétexte qu'elle l'a été hors du délai dans lequel ont dû être et ont été exercées les poursuites contre le tireur, l'accepteur, ou l'endosseur dont il s'est rendu garant.

Cette doctrine nous semble absolument contraire à l'art. 142, qui reproduit l'esprit, sinon le texte de l'art. 103 du premier projet, en assimilant, d'une manière générale, le donneur d'aval aux tireurs et endosseurs qu'il a cautionnés. Bien que ceux-ci soient obligés solidairement au paiement de la lettre de change, les poursuites dirigées contre l'un d'eux ne dispensent pas le porteur de la lettre qui veut conserver ses droits contre les endosseurs précédents, d'agir contre chacun de ces derniers. Il doit en être de même pour le donneur d'aval.

Il nous reste une question à examiner : Le donneur d'aval qui a cautionné le tireur d'une lettre de change peut-il se plaindre du défaut de protêt, ou, en cas de protêt, de l'absence de toute poursuite dirigée contre lui personnellement, dans le cas où le tireur n'aurait pas fait de provision à l'échéance ? On peut dire, en faveur du donneur d'aval, qu'il souffre, comme l'endosseur de la négligence du

porteur. Pourquoi donc lui opposerait-on le défaut
de provision alors qu'on ne l'oppose pas à l'endosseur. Mais la question a toujours été résolue contre
le donneur da'val lorsqu'elle s'est présentée devant les
tribunaux. Sans parler de nombreux arrêts de Cours
d'appel, nous nous contenterons de citer les arrêts
de cassation des 26 janvier 1818 et 30 mars 1819.
La jurisprudence estime que l'art. 142 a dérogé à
la disposition de notre ancien droit, favorable sur
ce point au donneur d'aval. Le Code, en effet, ne
l'assimilant pas indistinctement aux endosseurs,
mais tour à tour aux endosseurs et aux tireurs,
selon qu'il a cautionné les uns ou les autres, on en
conclut qu'il ne doit pas avoir des droits plus éten-
dus que le tireur. Or, on sait que celui-ci n'a pas
le droit de se plaindre du défaut de poursuites,
lorsqu'au jour de l'échéance il n'y avait pas provision faite entre les mains du tiré.

POSITIONS

—

DROIT ROMAIN

I. — La créance conditionnelle *ex legato* peut être cautionnée *pendente conditione*.

II. — L'obligation du pupille et celle du *furiosus* peuvent servir de base à une fidéjussion.

III. — Lorsque l'obligation du fidéjusseur dépasse la mesure de l'obligation principale, elle est nulle, et non réductible.

IV. — Les jurisconsultes romains étaient en désaccord sur le point de savoir si la fidéjussion était valable lorsque le fidéjusseur avait promis l'une seule de deux choses dues sous une alternative par le débiteur principal.

V. — Il n'y a aucune antinomie entre la loi 95, § 11, *De solutionibus*, et la loi 15, § 1, *De fidejussoribus*.

DROIT FRANÇAIS

I. — Le créancier débiteur de la caution ne peut lui opposer la compensation.

II. — Il appartient aux tribunaux de déterminer jusqu'à quel moment la caution peut opposer le bénéfice de discussion, et les mots : *jusqu'aux premières poursuites*, ne doivent pas être entendus *stricto sensu* (art. 2082).

III. — L'art. 2025 n'établit pas de solidarité entre les cautions d'une même dette.

IV. — La caution qui a fait payer son intervention peut recourir contre le débiteur principal, comme la caution qui est intervenue gratuitement et dans les termes de l'article 2028.

V. — La caution qui intervient malgré le débiteur principal n'a contre lui qu'une action *de in rem verso*.

VI. — Le tiers détenteur d'un immeuble hypothéqué à la dette qu'il garantit comme caution ne peut opposer le bénéfice de discussion,

VII. — La caution qui a payé la dette peut recourir contre le tiers acquéreur d'un immeuble hypothéqué à la dette.

DROIT CRIMINEL

I. — L'action civile résultant d'un crime ou d'un délit se prescrit par le même laps de temps que l'action publique.

II. — Dans l'état actuel de notre législation les coups et blessures provenant d'un duel ne sont pas punissables.

HISTOIRE DU DROIT

I — Les justices seigneuriales ont leur origine dans les chartes d'immunité de l'époque franque.

II. — L'origine des fiefs est germanique.

DROIT PUBLIC

I. — La loi du 10 vendémiaire An IV sur la responsabilité des commmunes n'est pas applicable à la ville de Paris.

DROIT COMMERCIAL

I. — L'aval ne suppose pas l'existence préalable du titre dont il vient garantir le paiement.

II. — Un aval proprement dit peut venir, même après l'échéance, garantir le paiement de la lettre de change.

Vu par le président de la thèse,
C. BUFNOIR.

Vu par le Doyen,
G. COLMET-DAAGE.

Vu et permis d'imprimer :
LE VICE-RECTEUR DE L'ACADÉMIE DE PARIS.
A. MOURIER.

———

—185— Paris. — Imp. F. Pichon, 14. rue Cujas.

PARIS. — IMPRIMERIE F. PICHON, 14, RUE CUJAS

Contraste insuffisant

NF Z 43-120-14